9

最猛職人

9

最猛職人

我在人間的靈修迷藏

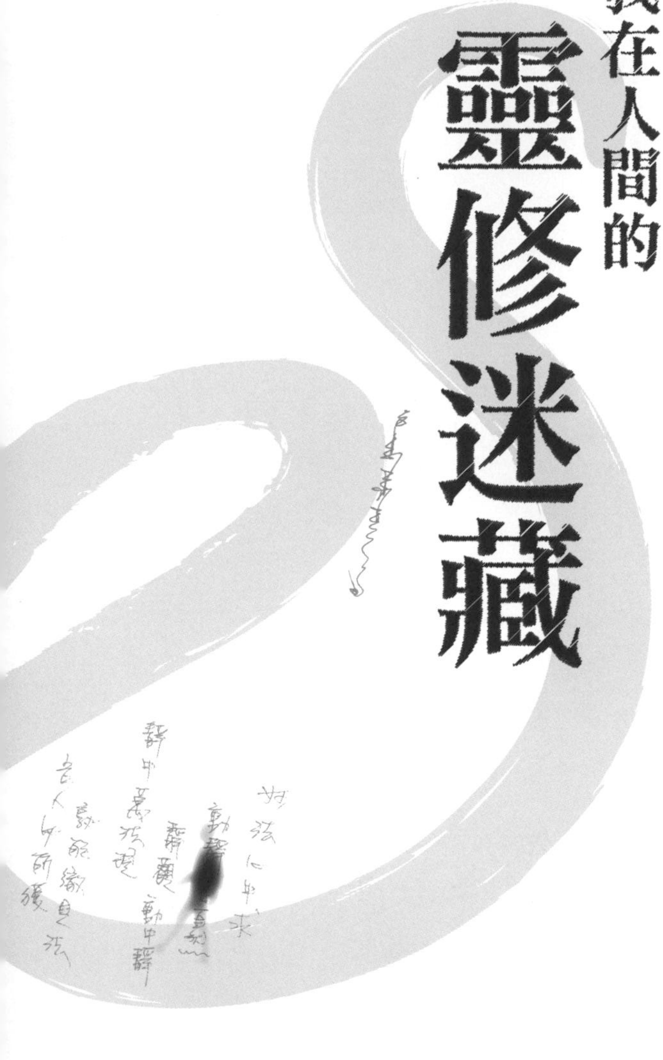

宇色◎著

最猛職人.9 **我在人間的靈修迷藏**

作　　者　宇色
美　　編　李緹瀅
特約編輯　王舒儀
主　　編　高煜婷
總 編 輯　林許文二

出　　版　柿子文化事業有限公司
地　　址　11677臺北市羅斯福路五段158號2樓
業務專線　（02）89314903#15
讀者專線　（02）89314903#9
傳　　真　（02）29319207
郵撥帳號　19822651柿子文化事業有限公司
投稿信箱　editor@persimmonbooks.com.tw
服務信箱　service@persimmonbooks.com.tw

初版一刷　2016年07月
定　　價　新臺幣299元
I S B N　978-986-6191-94-7

歡迎走進柿子文化網　http://www.persimmonbooks.com.tw
搜尋 柿子文化
粉絲團搜尋 小柿子波柿萌的魔法書店
～柿子在秋天火紅 文化在書中成熟～

國家圖書館出版品預行編目(CIP)資料

我在人間的靈修迷藏／宇色著.--
一版.--臺北市：柿子文化，2016.07
面；　公分.--（最猛職人；9）
ISBN 978-986-6191-94-7（平裝）
1.通靈術 2.靈修
296.1　　105009728

聲明

本書以宇色碩士論文集進行編撰，為避免過於學術化的論述，並讓讀者更容易閱讀，編輯針對書中學術研究與著作之引用做了適度的文字修潤與調整，但仍不偏離引用文之原意，引用出處皆詳細記載在書末的注釋，歡迎想進一步研究靈修的讀者自行前往參閱。

好評

如何不在靈修世界迷航？宇色給你一張地圖

廖俊裕教授，南華大學生死學系主任

宇色的新書《我在人間的靈修迷藏》要出版了。這本書和我有一些因緣，令人忍不住思想起……

我和宇色是在南華大學生死學研究所認識的，而南華大學生死學研究所是十分特別的研究所。前些時候，大兒子才問我關於南華大學生死學研究所存在的價值？當時，我是這樣回答的：

「在臺灣目前的教育情境中，南華大學生死系恰巧可以提供一個特別的場域，在這個特別的場域中，所有生死議題、生死困惑（生、老、病、死種種）都可以不用忌諱、很寬容、彼此接納的討論。因此你可以很自在的討論二〇一二世界末日，甚至把它寫成碩士論文；你可以很自然的討論愛情，然後把它寫成碩士論文；你可以很自由地討論死亡，然後把它寫成碩士論文；你可以不忌諱地討論通靈，然後把它寫成碩士論文；你可以同理地討論親人的癌症，然後把它寫成碩士論文；你可以很自在地討論失婚並研究如何從當中走出來，然後把它寫成碩士論文；你也可以討論催眠，然後把它寫成碩士論文；你可以很放鬆地討論到你如何遇到外星人，然後沒有人把你當怪人；你也可以自在地討論死後的世界……等等，在這裡，沒有什麼話題是禁忌，所有你在意的議題都可以分享、探討，這就是這個場域在臺灣存在的必要性。」

在這些議題當中，最特別且很可能其他研究所無法容忍的，也許就是「通靈」吧！由於興趣駁雜，通靈也是我喜歡探索的主題，而宇色與我，就是在這樣的情境之下相遇，討論的主題也正是通靈（雖然當時第一次見面時，我只是很強烈的感覺到，怎麼有男性有這麼美麗的眼睛？呵呵）。

之後，我們時而談論生命的水平線——各種人際議題、社會議題；時而談論生命的垂直線——天人性命靈性靈魂議題。腳踏東西南北、心懷過去現在未來，各種議題討論不斷展開，最後統攝在身心靈成長的主軸上，當中最重要的關鍵就是通靈與靈性成長場域。

宇色後來的碩士論文便是以此做為研究對象，他的論文和一般純學者的論文不同，除了田野調查的面向，還有一個更為特殊的面向，那就是——親證。進入其中親自體驗實證，所寫出來的研究自然跟純學者式的隔靴搔癢不同。

此外，宇色十分重視實修，在看了許許多多在修行路上迷航的案例後，他的悲憫心感受到應該要提供一個寬廣的知識架構給有興趣的生命探索者，因此以他碩士期間的研究成果為基礎，進行了大幅增修，提供了一個修行的地圖，他重視概念的區別，例如在本書中，他一而再、再而三地強調靈修的目的在自我覺醒、乩童和靈乩的不同、通靈和靈修的異同、東王公和西王母的發展差異、社會上走靈山體系的差異，而最後達到人生的目的——生死自在的幸福。

在《我在人間的靈修迷藏》裡，橫面上宇色綜論了各會靈現象，縱軸上則以靈性覺醒為標準考察討論各系統的限制，這對因為修行、靈修上有疑惑的身心靈成長者有很大的幫助，也達到了當初他寫此書的目的。

可以預期本書在國內身心靈界將有不小的貢獻。

與眾不同的宇色，與眾不同的靈修地圖

王枝燦教授，南華大學生死系副主任

宇色是一位很特別的修行人，與他的認識結緣，是在嘉義大林美麗的南華大學校園。每次看到宇色時，他總都是一臉笑容；之所以說他特別，最主要是我個人過去接觸過的修行者當中，似乎有許多人對世俗上所謂的科學或研究精神較不重視——在這點上，宇色就顯得與眾不同許多，因此對他留下深刻印象。

世上尚有在傳承的事物，很多其實都具有學理性的，也具有脈絡能梳理，而不是單純以玄學之說就能帶過。宇色在這本新書中，運用自己的親身經驗以及幫助形形色色芸芸眾生過程中所看到的各種狀況，來為讀者爬梳各種靈修相關問題，並以研究社會科學的精神加以看待，絕非只是充滿疑問而不探究真實。

新興宗教或靈修議題，在社會學、民族學與宗教學都是常見的研究主題，然而研究者本身就是一個與靈修密切相關的修行人身分，則是非常特別的。宇色有著暢銷作家的幽雅筆觸，也有專業研究者的細膩考察，在本書中將靈修相關議題，以客觀中立研究的角度介紹給一般大眾，進而認識什麼是靈修。此外，宇色也在書中進行各種研究者的省思，更彙整了國內首見的完整靈修模式介紹……

在此，非常高興能將宇色的《我在人間的靈修迷藏》推薦給每一位讀者，相信各位在讀這本書的時候，也會感受到與過往宇色作品不同的風格或豐富內容，這是一本非常值得一讀的好書。

全人發展的健康靈修

徐孟弘，教育學博士

經驗務實、論證有據、思辨清晰、引導正向！是一本引人入勝、值得一讀的好書——這是我對宇色新書的評語。

然而話說回來，最初宇色告訴我要把他的碩士論文出版時，我是擔心的！太過學術化的論述讀起來並不容易，當初口考委員對於一連串的靈修、神祇專有名詞閱讀起來都有些辛苦了，而只著墨於研究方法與論文寫作，那一般讀者的接受度又會如何呢？

不過，看到出版社寄來的初稿，我知道擔心是多餘的了。宇色這本著作仍保有其論文文獻分析與田野調查的主軸，清楚呈現了靈修在臺灣社會發展的脈絡以及表現的形式，但他又加入了更多實務經驗的彙整，如靈修Point、宇色小辭典、宇色手札、宇色叮嚀等對話框，幫助讀者閱讀，並且在最後利用三大表格總複習，貼心的幫讀者釐清思緒。這些內容大大提升了本書的軟性閱讀，使其成為適合大眾閱讀的書籍。

在此，我會建議各位讀者，不必馬上弄清楚這麼多宗教、靈修專有名詞與內涵，也不一定要馬上釐清靈修發展的來龍去脈，但各位一定要仔細閱讀本書的靈修Point、宇色手札、宇色叮嚀等對話框，這些都是宇色在靈修歷程所獲得寶貴經驗的無私呈現，也是他大力引導讀者理性思辨、正向靈修的地方！

各位若知道宇色的生命歷程：如何治療自己的猛爆性肝炎、學習瑜伽，重新擁抱健康的身體；如何努力工作、發展事業，以擁有不虞匱乏的經濟能力；如何增強自我的理性思辨、自我覺察、自我探索，而後安住其心，而後達到現今的發展，就會明白，這一切其實都與他的起靈、靈修歷程重疊——甚至該說，起靈與靈修歷程都包含在這些生命歷程當中！

因此，希望讀者能夠注意到，宇色是在迷惑困頓中先安頓現世生活，經由思辨、覺察、探索，進而了解自體本性與靈修對其生命的意義，而後才發展出這樣修練歷程的！這絕對不同於現世生活受挫而以防偽機制移轉進入靈修的假性靈修，也絕對不同於人云亦云、盲目崇拜的靈修！我認為，宇色的發展歷程呼應了心理學大師馬斯洛的需求層次論——身、心、靈的全人發展概念！

這才是全人發展的健康靈修！

各位讀者在閱讀完本書之後，請仔細思辨宇色的發展歷程與書中所提到的許多案例有何不同？也請仔細思辨你要的發展歷程是什麼？

我想，這是這本書很重要的目的之一。

在靈修迷藏中找到你的修行路

二〇一一年十一月七日，一則新聞引起了臺灣大眾對「靈修」[1]的好奇與注意，也讓潛藏於民間信仰中的靈修議題浮上檯面。

據報導，有兩名士官為了吸收特殊的靈氣而前往臺東三仙臺風景區靈修，在進行靈修儀式的過程中不幸失足落水，一死一獲救。死者邱姓士官當時身著道袍站上礁石做法事，不慎遭大浪捲走，在大石下被尋獲時，已經回天乏術。

當地民眾指出，傳聞呂洞賓、李鐵拐與何仙姑曾登臨三仙臺，吸引大批宗教人士慕名前去，在該處舉行各種宗教儀式，事後卻留下大批垃圾與祭祀用品，十分有礙觀瞻，讓他們極為困擾，但怎麼也沒想到，這次竟然還鬧出人命，令人不勝唏噓。

差不多同一時期，另一篇引起關注的靈修事件則發生在日月潭。一群自稱來自南投的靈修人士跑到日月潭舊環湖公路收費站下方的木棧道拜拜。這群人設香案、擺供品，就地拜了起來，甚至還將金紙、供品撒進湖裡——此舉據說是為了「祈求海龍王幫忙讓颱風轉向」。如此破壞自然景觀的行徑，讓路過的觀光客十分傻眼，還有人認為，這會讓國際對臺灣產生負面的觀感。

這兩則事件中，前者引起各報大肆報導，談話性節目甚至開設專題討論：靈修背後究竟潛藏著何種神祕力量，令兩位士官不畏環境的危險而前往？後者報導則讓一般民眾對該新興宗教產生不解與負面觀感，質疑靈修的意義為何？

詭異的靈修故事

在我周遭，這類令人匪夷所思的靈修方式，每週都可以從許多個案、學員身上聽到，在此分享一則真人真事的詭異靈修案例。

一位大學生於宿舍自殺身亡，據其遺書所述，他高中時期因接觸靈學，自學通靈了一位無形界的女導師，她常叮嚀他，此時此刻為末法時期，因靈界群魔亂舞導致陽間戰爭、政治紛擾不斷，而他身負維護靈界與世界和平的天命。因此，她命他捨下肉身，隨她一同前往靈界斬妖除魔，維持世界與靈界的和平。

當時年紀尚輕的他，一再向無形界女導師拖延離世的時間。然而，在就讀大學後，他對靈學信仰開始著迷，於宿舍內供奉一尊性感的日本娃娃，宣稱娃娃內寄居著一位女靈，每天跟它對話。不僅如此，校內還有許多男女同學崇拜他異於常人的「通靈」能力，在臉書上與私底下皆有一群擁護者。

最終，大學生自殺身亡、前往靈界維護陰陽兩界和平，擁護者無不驚愕。他甚至在遺書上指明要某人「承接」這尊娃娃。最後，娃娃在校方的介入下送入某間寺廟供奉。

或許因為宗教與身心靈相關資訊在網路氾濫，我常常耳聞大學生因參加身心靈課程、接觸靈修信仰，或是崇拜某些自稱大師的人，便自詡為某仙佛之陽間護法、斬妖除魔的大通靈者，或是維護星際和平的外星使者，做出許多令人匪夷所思的行為。

這類走火入魔的社會新聞層出不窮，你或許會如此解讀：失足落水的士官是走靈修偏差導致走火入魔，四處燒金紙的人士可能是神志不清、偏離正道。然而換一個角度思考，正與邪、魔與神、正信與邪見，兩者之間的分野究竟該如何界定？

在進一步深入這個議題之前，要請大家先看看一封讀者的來信[2]：

> 我今年三十二歲，二〇〇九年跟男朋友分手，傷心難熬，於是在網路上找了一間離我高雄租屋處較近的宮廟問事……我一心盼望男友回頭，不管廟方指點什麼，都盡力去做：第一次去就花了一筆錢處理冤親債主，濟公禪師一辦完我的法事，就收了我當契女，還說要幫我灌靈（加持靈體、元神的能量）。
>
> 當時，我只求前男友能回到身邊，要做什麼都行，所以沒有拒絕，然而，我並不知道灌靈的用意是什麼，也不了解靈體是什麼……好笑吧？

廟方要求我摺蓮花，取出一朵擺在頭上，後來神明還要我轉圈圈。過程中，我一直聽見一個小女生的笑聲。儀式完成後，我詢問現場的其他信眾是誰在笑，但所有人都說沒有，他們每個人都很專注地圍在我身邊，以防我跌倒……這，就是我被啟靈的經過。

現在是二〇一五年，期間我一直沒有特別修行，就這樣正常過日子，卻活得很痛苦；我一直渴望感情能夠順利，但從那時開始，單身至今已經五、六年了！

濟公禪師當初幫我做了稻草人法術，甚至請月老看我的姻緣線：禪師叫我伸出雙手，看到我有三條姻緣線，因此罵了月老（我看不見月老公公，當時濟公禪師是對著椅子說話）——每每回想起此情節，還是覺得很不可思議。兩年後，前男友結婚了，我也放下了對他的執著（分手後我們一直都沒聯絡），所以我並不了解當初稻草人法術的作用是什麼。

二〇一二年我搬回臺北老家，定居在臺北工作。感情方面交了多年白卷，外表隨著時間變老變胖，一堆身體小毛病接二連三出現……午夜時分，我常會自艾自憐地躲起來哭，真不知道自己究竟怎麼了！

有時候，我會怒罵身上的靈體，希望她快離開，因為隱約之中我還是明白了一些事——濟公禪師把我的姻緣線拿走了！我真的很想要幸福，我相信那間宮廟的一切，日子卻愈過愈孤獨，生活變得好空洞……我把自己的情形告知祂們時，換來的卻總是責罵，讓我覺得什麼都是我的錯。

身為神明契女，每個月我都會捐一些功德款；今年，我真的累了，捐獻從一份心意變成理所當然的義務，有時候手頭緊，祂們彷彿成了我的債主，請問老師，神明會如此對待祂的小孩嗎？

每一年，我都會去有月老公公的大廟求籤，每次求到的都是上上籤，屢試不爽，然而現實生活中，我卻過得更加孤獨。把問題丟回給神明乾爸，向祂們詢問我的姻緣時機，卻都沒得到答案，每一次都被說不夠聽話；我很低落時，也只叫我去醫院看醫生吃藥……

這一切都讓我好焦慮，想得到幸福很難嗎？還是祂們不願意把姻緣還給我？我很痛恨在我身體裡的她，我與她沒有任何互動，只有每次流眼淚、感到孤獨時，會叫她離我遠一點，因為我都覺得她在笑我……

今年，我在網路上認識了一個男生，他的追求很熱烈，雖然沒見過面，但我心動了。沒想到聊了一個月後，他突然告訴我，我跟他不適合，不要再聯絡。我受到的打擊，幾乎就像被前男友背叛時那樣的痛苦。我變得更加焦慮，開始懷疑自己是不是個糟透了的女人……

剛認識這個男生時，我有透露給神明乾爸知道，祂要我放心談戀愛，因為祂的鼓勵，我勇敢積極地和對方相處，最後莫名告終時，神明乾爸又說他很爛，搞得我整個人好矛盾！我開始覺得自己一直被玩弄，但祂們卻說這樣是在保護我?!

正因為太難過了，我才開始搜尋關於啟靈後生活不順的文章，進而進入老師您的知識寶地。不論您是否願意回應我，我都帶著感恩謝謝您。

是正，還是邪？

不只是在臺灣，新加坡、馬來西亞、香港、澳門、大陸等有華人的地方，每個月都有讀者因為人生低潮走入宗教，卻迷失在其中而寫信給我。當我們置身事外，分析當事人的心境與事件始末時，心中必然會篤定的認為：

「我絕對不會像他們一樣，他們一定是瘋了！」

「他們是宗教狂熱分子，我很客觀中立。」

「真倒楣，他們遇到神棍騙子……」

「還好我遇到的上師、通靈人、乩童都非常正信、正派。」

「他們信仰的一定是邪神，還好我信仰的是正神……」

如果你也有這樣的想法，代表你缺乏「文化相對觀」[3]的基本認知、思考能力與素養，落入信仰對立的窠臼。

什麼是文化相對觀呢？意指面對一個行為時，我們不應該由本身已存的觀點去看待，而應從其文化本身的標準、價值觀來評斷，這樣才能深入且客觀地看待該行為。一般人大多未受過「訓練」，看待一個行為時往往會缺乏文化相對觀，「在面對完全不同於己身文化的行為時，內心直接產生排斥的念頭，抑或未經思索，下意識馬上對其產生一種很奇怪的感覺，卻不願對之做進一步的探索，就遽然進行批判、怒斥等。」[4]

簡單來說，不具有文化相對觀素養的人，在面對宗教事件時，思考模式會自動轉換成「那些人都是遇到騙子，還好我不是」、「我接觸的都是正信，絕不會像他們一樣」，甚至不自覺地以高人一等的心態，立即與事件中的人物做切割。

上述社會新聞和讀者經歷只是靈修與宗教界的冰山一角。千百年來，世界上的各種宗教信仰、修行模式都發生過信仰危機，從偏離正道、追求內在的幻影與感官的微細現象，到沉迷於各種力量或神通，形形色色，不一而足[5]。但不可否認的，仍有不少人能從信仰中找到自我，這突顯了一個重點——**決定信仰的正與邪，並不在於它本身，而是你對修行定義與人生態度的認知程度。**

每一種宗教行為的背後，都潛藏著其文化與個人的信仰意義，我寫這本書，便是想要探討「靈修背後所隱藏的修行意涵為何？」「宮壇教導的修行方法是唯一的、必需的？還能有更多的可能性嗎？」我相信，許多人都沒有思索過靈修背後的宗教意涵、心理議題與靈性成長等關鍵性問題。而又有哪些問題是應該被重視卻遭到忽略的？接下來，就請你與我一起展開這趟探索之旅吧！

「懷疑到底」的信仰之路

「懷疑並不是被信仰所摧毀的，懷疑是被體驗摧毀的。他們說，相信！我說，探索。他們說，不要懷疑！我說，要懷疑到底，直到你抵達，直到你領悟、感受和體驗為止。」——奧修

我是一位從傳統靈修走入修行的靈乩，歷經煅身、靈語、跑靈山、會靈等過程，同時也將自身的靈修過程、跑靈山所見所聞等詳細地記錄在部落格，分享給更多與我有相同經歷的朋友。多年後，這些寶貴且充滿無奈的靈修經歷有幸出版成書[6]，讓更多對靈修有興趣的人藉此重新審思自己的修行困境，釐清自己的修行盲點與思路。

我的啟靈並非因為接觸宮壇而起，而是在無預警的情況下，全身開始不自覺地晃動（靈動），接著便開口說出一般人無法聽懂、解釋的語言……為了解決這些不可思議且讓人不適

的靈異現象，我投身一趟無法停歇、漫長且煎熬的自我探尋之路，這一走，就是十餘年。

和大部分的「同類人」相同，我踏入私人宮壇，從臺北到臺中、從臺中到彰化，從朋友介紹到網路上搜尋，企圖找到可以了解並解決自身問題的答案，結果呢？得到的回應從女鬼上身、往生親人附身、阿修羅轉世、呂洞賓之靈轉世、某一世密宗上師轉世、觀世音菩薩旁

宇色小辭典

靈乩

透過靈修修行成為替神明辦事的神職人員，與傳統乩童類似，前者由靈修系統中跑靈山、會靈修練而起，乩童則無需經過此過程。

煆身（靈動）

靈動，是慈惠堂的原生信仰活動中特有的修練方式，又稱訓身。

靈語

又稱天語、方言等，一種意識層進入到某種未知狀態時所表達出來、難以解讀的語言。不同的宗教與信仰對靈語各有不同解讀，有人認為靈語是與神、鬼、魔溝通的語言，根據我個人的經驗，則是將靈語視為「意識波透過語言所表達的聲調」。靈修人在靈修路上，煆身能量由體內甦醒時，會將人們的意識引導進入另一層空間，同時喚醒某種能力，此時，靈語僅是在「某種意識層所表現的聲調」。

會靈山（跑靈山）

靈修人朝聖靈山廟宇會靈。根據丁仁傑的〈會靈山現象的社會學考察：去地域化情境中民間信仰的轉化與再連結〉，可知「會靈山」雛形出現的時間，大約是在西元一九八〇年代前後，至於在臺灣盛行，則是一九九〇年以後的事了。記述相關活動應遵守之形式的這本「會靈山手冊」工具書，最先出現的時期約是在二〇〇〇年左右[7]。至於「靈乩廟」，李峰銘博士則將之定義為靈乩參與會靈山活動的宮廟神壇。

會靈

指人的意識與仙佛意識交融接軌。

散財童子轉世等等不一而足；雖然聽到的說法不盡相同，但中心思想總是不脫：「你有修行的命。」「修行的時間到了。」

這些言語背後，不是恐懼、不安與脅迫，就是遙不可及的神話故事，沒有一個人或神明能夠解釋何謂靈修？修行的定義為何？只是千篇一律的說：「時間到了你就知道！」「有空來我的宮壇打坐。」「靈修就是先赦因果再修元神……」

一句「修行時間到了」，根本無法為我的人生帶來一絲光明與雀躍，光是「修行」兩個字，就夠讓我迷惑與不解了：什麼是修行？修行的第一步是什麼？靈修模式又有哪些次第？為什麼靈修的事情是你們說了算？

我帶著一連串的疑問，投身於坊間宮壇近三年，但都沒能獲得完整的解答，只好自求多福，展開研究。於是，我試著跳脫宮壇、道場對於靈修的框架，也攻讀研究所，閱讀浩瀚書海中前人對跑靈山、會靈、靈乩等研究，以更廣泛的角度進入靈修世界，前人的寶貴資料與自身的經驗，讓我在原本的靈修道路上意外地開創出一條新絲路。

靈修是道教，還是民間信仰？

民間信仰和宗教，在臺灣這個宗教百花齊放的寶島上，向來難以定義和區分。

就宗教學的角度來區分，「『臺灣民間宗教』指的是：除了臺灣原住民的傳統信仰、佛教、道教、基督宗教、伊斯蘭教（回教）與新興宗教之外的廣大信仰。在這廣大信仰中就屬以一貫道、慈惠堂與鸞堂這三大信仰較有系統，且是直接影響會靈山活動形成的重要元素。」[8]那麼，從民間信仰中崛起的臺灣本土靈修是宗教，抑或是民間信仰？或許我們可以說，靈修世界少了幾分信仰，而多了神鬼色彩。

子曰：「鬼神之為德，其盛矣乎，視之而弗見，聽之而弗聞，體物而不可遺。使天下之人，齊明盛服。」坊間宮壇存在著多靈與百神信仰，不論是熟悉的仙佛菩薩或叫不出仙號的神祇，通通能供起來膜拜，增添不少複雜且豐富的崇拜形式。

有趣的是，臺灣靈修人雖然連自己不認識的神祇都照拜不誤，卻甚少去談論：「我是誰？」本土靈修儀式中的會靈山、會靈等形式，擦拭掉人神之間分明的鴻溝，讓神明（靈）從千年的神話、傳說中走出，變得具體且形象化，不再飄渺虛幻不可觸摸，同時也打破儒家流傳千年的神鬼觀念——敬鬼神而遠之；這些修練，正突顯出人們想藉此拉近人神（或人鬼）距離的企圖。

生命背後的神祕力量

原本就已令外界難以探究的靈修，又緊密結合了百神信仰，其屬性會變得更加難以判別也就可想而知了，「在臺灣，更由於大多數民眾為民間信仰者和由現代科學及傳統儒家精神所育化的無宗教信仰者，而在文化上又和佛教和神祕文化有長期的親和性，於是新興宗教現象勃發的機會就更大了許多。」[9]

民間信仰摻雜了大量佛教較為粗糙的義理，例如前世今生、冤親債主、赦因果等，以及道教普遍為人所接受的神鬼論點。人們借助佛教教義、經典與儀式來修整民間信仰的龐雜體系[10]，使其有更完整的支撐架構；雖然坊間宮壇因而有了更冠冕堂皇的華麗基礎吸引信眾，卻也讓許多心不定而游移在各式信仰的人們，在未搞清楚狀況前便走入靈修。

民間信仰的另一項特色，是融入了非常多耳熟能詳的神話和神明，如濟公、觀世音、三太子等等——當神話傳說巧妙地與民間信仰和靈修結合時，通常能快速地深入人心，也符合了人們的期待：填充對現實的不滿足。

這或許也說明了一件事：**人們企圖在宗教神話中獲得精神支柱，化解世間難解之事。**流傳千年的神話故事是民間信仰的基礎原型，只是民間信仰將原本單一發展、互無關聯的神話發揮得太淋漓盡致了，像是《西遊記》中的孫悟空與《封神榜》的李哪吒根本扯不上關係，然而在宮壇裡，這兩位神祇卻可以攜手為信徒辦事！先前女讀者的來信中，竟還看到《聊齋志異》裡的月下老人與佛教中的濟公禪師一起為信徒解惑，這些跨領域、穿越故事文本的神明，不僅因民間信仰而活躍了起來，更因為靈修而具體人格化。

除了吸收民間神話傳說，新興宗教也是民間神祕學說的大會合——源於民眾對神異靈驗事蹟的依賴，凡是具有效能的神祕思想與學說（指對本身宗教信仰有利益和助力的思想），都通通被吸融進去，使新興宗教成了一個大雜燴[11]。

不論是民間信仰、靈修或稍具規模的新興宗教，它們背後最大的支撐力量，都來自人們**企圖從中解決自我存在價值與現實裡不可逆的生死議題**。當人們意識到生命背後有一股不可測的力量存在時，便會回到內心去探尋「生」的意義，以消弭對「無常」的恐懼，這也是神話故事、民間信仰能夠在坊間流傳千年的原因所在。

神話故事能流傳至今，後人在文字、語言、圖畫上的貢獻功不可沒——宮廷、廟宇、宗祠、藝術與善書對神話的宣揚，讓神祇一代代地傳承於今。若無人們的信仰，神祇的力量便無法彰顯，這也突顯出神話對人的影響力——傳達人類生活中的種種規範；而在神話中建立起信仰，則能讓人們的心靈有力量，得以用更高層次的思維來看待人世間的一切。

什麼是民間信仰？

那麼，我們該以何種方式來界定民間信仰？一旦你決定要走靈修，就不得不先搞清楚民間信仰的定義與意涵。一般來說，民間信仰可以從三種結構切入：「原始宗教類型」、「古典宗教類型」及「現代宗教類型」。

「（一）原始宗教類型：分為禁忌、神話、巫術、薩滿信仰、圖騰崇拜、動物崇拜、物神崇拜、植物崇拜、精靈崇拜、自然崇拜、亡靈崇拜及性力崇拜。

（二）古典宗教類型：漢文化中，古典宗教即是《周禮》春官大宗伯所列出的天神崇拜、地祇崇拜、人鬼崇拜及物魅崇拜。

（三）現代宗教類型：『臺灣民間信仰』也受儒、道、佛三教的影響，明顯地融於其中。在儒教之影響方面，『祭祖』成為孝道之重要部分；道教方面提供『道士』、『法師』為人祈求平安；佛教方面帶來『輪迴』、『果報』之來世審判觀念。」[12]

二〇一五年起，我在北中南舉辦過幾場靈修分享會，並在過程中觀察到，人們對靈修極感興趣，卻分不清楚民間信仰、靈修與修行三者之間的界線。廣義來說，民間信仰包含了靈修，然而，靈修卻不同於民間信仰，民間信仰更不是全部的修行。學員問道：

「什麼時候需要用到金紙，可否燒金紙？是否可以用人間的角度解讀成：用滯納金、暫結預付款、違約金、保證金、保釋金或役科罰金來抵銷罪業？可否做到『幣值能量轉換』（藉由燒金紙來轉換能量）？」

「以九玄七祖的名義行善，是否能在仙佛做主的情況下，引渡至大廟修行？」

「多夢與夢境代表什麼意思？」

就我的角度來說，以上問題應該被列為民間信仰的範疇而非靈修與修行，卻在分享會中被提出來了。

或許，我們可以這樣說：民間信仰是人們透過觀察所產生出來的信仰性儀軌，如拜什麼神要用什麼金紙，金紙逐漸地有了美金、支票等形式等等，都是人們想像「靈界、往生者、神明需要什麼」而產生出來的，隨著時間演變而出現各種不同的樣貌。修行或靈修則是前人透過自我修練後，以此經驗教導後人，例如許多印度大師在修習冥想、內觀時經驗到種種身心變化，以此教導後人遇到相同情境時該如何對治與精進，將這種寶貴經驗一代傳承一代的過程稱之為修行。

簡單來說，民間信仰融合了原始薩滿精神，透過與神靈的神識交感以解決現實中無法解決的問題。**民間信仰是透過種種儀式連接鬼神世界，藉此解決現實中不可逆之問題；修行則是解脫心的苦難，以不同的觀點跳脫現實的種種無常。**一旦了解民間信仰、靈修、修行三者之間的界線，你便會很清楚地知道自己該往何處去。

既是民間信仰，又具宗教組織色彩

在民間信仰中扮演溝通角色的，是「巫」，現今的乩童、靈乩等，都是「巫」的延續。

此外，民間信仰中具有濃厚的神鬼信仰和泛靈色彩，臺灣民間信仰巧妙地挪移了佛教的經典、教義以及道教的神鬼信仰與科儀，呈現出複雜、多重且多元的文化色彩，丁仁傑的〈會靈山現象的社會學考察〉[13]中就有詳細且具體的描述：

「臺灣於一九八〇年代以後所出現的一種集體起乩活動，它以各地方非公廟性的宮廟信徒為構成基礎（公廟是相對於私人宮壇而言），但卻又超越了特定的宗教組織與教派；它是一套特殊的修行體系，其實踐者間也構成了鬆散的修行網絡；其主要方式是以與特定神明相通而產生靈動或靈知現象，目標為消除個人負面性因果、與個人所屬靈脈相連結、並進而獲得個人現世之幸福與永世終極之救贖……。在表現外在的形式上，也就是臺灣幾個主要的母娘廟，每日皆有成百成千來自全省各地的『會靈者』至該地『會靈』，或靜坐、或舞動、或歌唱、或哭泣、或喊叫、或說靈語、或寫靈文，或更常出現的是，整個『會靈』團體擺出獨特的陣勢，以極為戲劇性的方式，展現出集體性『會靈』多彩多姿的樣貌。」

關於會靈山現象在臺灣大規模出現的時間點，近來的說法則認為要更往前推二十至三十年左右（一九五〇至一九六〇年代），主要原因是靈修派的前輩「三霞二黃」的出現早於一九八〇年代。

暫且不論靈乩與會靈山出現的時間點，〈會靈山現象的社會學考察〉指出，會靈山現象最早期與一貫道的宇宙觀、慈惠堂瑤池金母以及私人宮壇的帶動有絕大關係，可知靈修現象不單單從坊間崛起，亦在許多具規模的信仰中誕生。會靈與跑靈山的人大多是聚集在私人宮壇修行，從這點看，靈修的確具有民間信仰的色彩，但其形式超越了現有宗教組織。

救世主與神通危機

靈修屬於民間信仰，也是新興宗教的一部分，還融合了道教的科儀；它更是臺灣特有的宮壇文化，多年來一直披著濃厚的神鬼色彩——有趣的是，在民間信仰與靈修中，主事者常與仙佛畫上等號。因宮主、乩童所接受的養成教育、觀念各有歧異，再加上新興宗教（或是宮壇、民間信仰）團體的領袖都有超強的個人魅力，有的甚至會被當做神佛崇拜，大大超過以往及當前傳統宗教領袖所得到的。

「這類極有魅力的宗教領袖至少有兩項重要特徵。第一、信徒相信『師父』有神奇的特殊能力，這種能力神奇到連『神奇』二字都不足以形容，因為他已經是神佛——有些信徒在文字上就用『祂』來稱呼。第二、這類領袖往往又會一種修行的功法，大約就是氣功或禪坐。他的功法不管是如何得來的，都是異常神奇而又簡單易學。或許我們或社會上一般所知道的新興宗教領袖都是已經成功的，那些沒有魅力的已經被淘汰，剩下就是有魅力的。」

這些新興宗教通常會：

「一、自稱某一神明應劫下凡救世，經由靈媒（擁有與第四度空間溝通特殊體質的人，但有此特殊體質的人不一定都是靈媒）的傳播，不斷地宣揚其救世的理念，自成一套系統。這一類教團有的雖然沒有教主，但是經由神職人員發展組織，成為宣揚神恩的團體。如慈惠堂、文化院等。

二、自稱教主是某一神明脫胎下凡，且被信徒視為救世主，相信救世主具有某種神祕能力或教法，可以幫助眾生解脫。如盧勝彥的靈仙真佛宗，盧勝彥自稱為西方淨土的大白蓮花童子轉世的活佛。

三、自立一套新的修行方法，宣揚其無比的靈驗與效力，正式開班授徒，且形成一套宣傳體系、修行工夫與宗教儀式。這一類的宗教團體目前很多，如現代禪、佛乘宗、九九神功、禪學會等。

四、自立一套教義詮釋體系，特別強調傳統宗教中某些神祕的體驗，將其教義重新組織或改革，進而形成新的運動團體。如清海的禪宗學會與宗聖的萬佛會，前者重神祕體驗，建立出一套新的詮釋神學，後者重教義改革，積極地參與社會運動與宗教創建新運動。」14

新興宗教在臺灣並不算少數，再加上無線電視的推波助瀾，四處都可以看見自稱某國際大師、某天人轉世的名人身影，而符合以上四種歸類與總整的，或許都可稱之為新興宗教。如今，十數年過去了，這些特質並未隨時間流逝而淡化，反而因為媒體與網路平行化，使得新興宗教在臺灣各地開花結果。救世主的加持、玄祕經驗、賜功德消業力、灌頂得神通、渡化冤親債主等等套路，全都依然可見——我們可以從這樣的現象觀察到，一旦人們對玄祕產生濃厚興趣（就算不了解何謂宗教信仰），追求神奇不可預測的神祕經驗與能力，通常是日後必定會產生的心態。

以上特性，與馬克斯・韋伯（Max Weber）提出的三大權力中的超凡權力（Charisma Authority）有相同意義，他以「超凡魅力」形容宗教領導者的個人特質，「領袖成為超脫凡人，被賦予超自然和超人的權力，或起碼是具有非同一般的權力或才能的神祕人物。在韋伯看來，先知、救世主、政治領袖等，就屬於這類神祕化的人物……。」[15]

這並非臺灣新興宗教獨有的文化，世界上許多宗教信仰都有自稱是先知、救世主、彌賽亞（基督教中，彌賽亞是上帝指派到人間拯救世人的救世主）降世的例子。

我在初接觸靈修之際就發現到，臺灣宮廟、命理界、新興宗教道場中，四處可見自稱是觀世音菩薩、瑤池金母、媽祖、佛陀降世的人，營造出救世主的身分，企圖拉攏對宗教盲從的人。信徒們不單單只期盼從「救世主」們身上得到生命救贖，在心理上也有幾許成分是對神明、先知、宗教人士的景仰與崇拜，甚至希望能在他們的帶領下擁有超感知、超凡、密契等特殊的神祕經驗，以化解現實中無法滿足的物質與精神層面。

然而，每件事都有它的一體兩面，**當靈修人尚未養成足夠自處能力，缺乏足夠的定性、心性與宗教修持，卻經歷到看似超凡的經驗，便會出現靈性危機中的「神通危機」**——修行中出現難以解釋的神祕經驗與能力卻無法將之整合，因而出現偏差的行為和情緒，造成嚴重的心理調適問題；士官落水、女讀者迷失於宮壇中、大學生相信自己是維護陰陽界和平的使者等，就是神通危機的最佳寫照。

上述種種情形，再加上宮壇、道場素質參差不齊，斂財騙色的新聞不斷，無怪乎人們對靈修會有眾多分歧的看法。同時，因各宮廟帶領者（指宮壇的①乩身、②教導者或③主事者，這三種身分常會融合在一個人身上，這裡指的是教導觀念的主要對象，三者皆可能）的教育程度、文化養成的不同，衍生出各式修行法門，又為「靈修」蓋上了一層神祕面紗。

宇色小辭典

密契經驗

密契經驗又稱神祕經驗、冥密經驗，是指一種無法以言語、文字形容的狀態，屬於個人的內在經驗，他人無法透過模仿而學習得來。當某人經驗到這段過程時，此狀態將帶領當事者進入一種全然不同的思維。簡言之，發生在身體上不可預期與神祕之事，可以稱之為密契經驗。

《宗教經驗之種種》一書作者詹姆斯將密契經驗歸納出四個特性，一、不可言說（Ineffability）。二、知悟性（Noetic quality）。三、頃現性（Transiency）。四、被動性（Passivity）。

不可言說，是指他人無法感同身受。知悟性是發生當下改變了內心對現實生活的看法。頃現性為無常、飄渺不可期待。被動性則是指這種神奇經驗是無法主動取得，僅能被動地等候某一種契機成熟。

靈修地圖只有一條路？

一個人初踏入靈修時所接觸的修行法門，必然會影響他日後的觀念與養成，但靈修在臺灣僅不到七十年光景，與其他大宗教相比年輕許多，它的這一套修行模式真的如此堅不可摧嗎？還是尚有其他更多的可能性？

鑽研許多靈修相關研究後，我發現，不少尚未成為靈乩的靈修人，似乎都經歷過一段生命黑暗期，而我近年來也收到許多讀者來信詢問：「去宮壇問事都說我時間到了，什麼叫時間到了？時間到了就一定要辦事嗎？」這群人因病痛、財運、工作等各種不順遂而踏上靈修，期盼有朝一日能藉由成為一名為神明服務的靈乩來化解現實中的困境，然而我好奇的是，靈修的最終目的只能是成為神明代言人——靈乩嗎？

我認為，除了解脫生活中種種的不順遂，修行更重要的目標應該是，**引領修行人從宗教中得到更多高層次的思維，以面對紅塵俗事中的一切**，靈修自然也不例外。

另外，因為靈修有著融合中國傳統神話、道教科儀與佛教功德因果輪迴的多重背景，導致他們在成為靈乩前的修行過程，總與這些濃厚又複雜的道場、宮壇等脫不了關係；我很想知道，我們是否有機會開鑿出其他的修行套路？真的無法使用回歸生活層面與檢視內心的修行方式嗎？

這幾年，有許多靈修超過二十年經驗的人在我面前落淚，表示他們耗費許多寶貴時間，卻不知靈修為何物；領了一堆旨令、跑了無數靈山，現實人生卻絲毫沒有任何改變！我趁此機會提醒大家，不論你是剛開始想走靈修，或已經走在靈修路上，請記得每天都要問自己：「我現在在做什麼？」「去除掉他人加諸在自己身上的『神話故事』後，最後那一顆心又剩下什麼？」「我所領悟之事，對現實又有何改變？」

這本書，便是以這些思考為中心延伸而出，希望藉此拋磚引玉，讓更多對靈修有興趣的人找到屬於自己的修行道途。期盼本書能夠讓更多靈修者了解「靈修模式」背後多元化的樣貌，如果你在閱讀本書後對靈修有了全新的看法或建議，也歡迎不吝於與我分享討論。

宇色叮嚀

修行，是為了解決「心」的問題

你思考過何謂靈修嗎？走靈修是為了解決什麼問題？我曾舉辦靈修分享會，與會者須事先提出個人對靈修的疑問，不用想也知道問題會有多麼五花八門。我在分享會一開始便丟出一個關鍵性問題：「你們分得清修行（包含靈修）與民間信仰的差別嗎？」

現場立即陷入一片鴉雀無聲中。

修行與民間信仰

修行必須有次第與方法。「法」，則必須每一個人都適用，有其普遍性和無分別心；這個觀念適合所有人與宗教，就佛法來說，便是教導我們認識自己的心，不再被世俗的苦所纏繞。至於修行，指的是回到內心的本質，它純粹而樸素，回歸一體之境（一元化之境）；它不存在任何分別，以寧靜的平等心來看待世間的一切，這樣的心境必須透過當下的實修才能擁有。

宇色小辭典

一元化之境

一元化之境是指內心真正地進入到「全然地包容對與錯、善與惡」，是一種超越主客體的心境——體悟到「真實世界本應包含一切萬物」，沒有批判、對錯、是非、好壞的寧靜心境。佛陀所教導的中道、中國思想中的中庸與道教思想，都是一元化思想的代表。

在現實生活中，我們常存在著對某一種特定人、事、物的喜好與厭惡，這是這個世界專有的特質——二元化。修行，便是要從二元化的對立中晉升到沒有好惡心的心境層次；如此充滿寧靜次第的心境須真正地進入內觀才能體悟。

那麼民間信仰呢？在《民間信仰與儀式》中，鄭志明教授以簡短的一段話來詮釋民間信仰在人們心中的意義：「民間的鬼神信仰與儀式是人類形上生命的延伸，不只重視有形的肉體，更關懷無形的靈性，發展出自成體系的宇宙觀與形而上學，是先民們集體生存智慧的結晶。人們不是無條件地受鬼神所操縱，而是透過信仰的儀式活動來純潔淨化人的心靈，消除肉體本能的欲望與世俗的私利，在神聖的洗禮下提高生命的能量，領悟超然的精神境界。」

很可惜的是，臺灣的民間信仰普遍只停留在鬼神信仰與儀式，忽略了最重要的核心精神——透過信仰的儀式活動，來純潔淨化人的心靈，消除肉體本能的欲望與世俗的私利。

共同的核心目標——淨化內心

有一位個案，他信仰的並不是哪尊仙佛菩薩，而是外星人拯救地球之說。他告訴我，在外星人信仰的系統中，有所謂的外星長老、艦隊長、隊員等等，他們追求的是從地球的三次元空間進入到五、六、七次元的意識層修練。

一日，他在靜坐時竟然看見密密麻麻的「細菌」從外太空入侵地球，從那一刻起，他只要一闔上眼便感受到「外太空細菌」的干擾。

他向專門談論外星人的網站諮詢，站長表示，就是因為「外太空細菌」的干擾，地球才會有這麼多傳染病和災害，這樣的回覆讓他覺得自己並不孤單，有許多人與他面臨相同的困境。只是，受到外太空細菌干擾的不適並沒有因此解除，於是他來向我求助，希望我能夠協助他避開外太空細菌對大腦的入侵。

他還告訴我，他姪女有「天眼通」，看見他的主神、守護神是阿閦佛（又名不動佛、無動佛，是漢傳佛教與密宗信仰的神祇，是東方妙喜世界的佛，地位與西方極樂世界的阿彌陀佛相同），而阿閦佛告訴他，再等三日，他便能安然度過。他不斷強調這些事的真實性，希望我能相信他。

當然，我沒有否定他的外星人修行觀與「外太空細菌入侵」事件，因為每一種信仰都有它專屬的系統、次第以及詮釋「自體問題」的觀點，沒有必要去否定。我只是告訴他，在瑤池金母的靈修系統中，並沒有「外太空細菌」的說法，然後反問他是否知道何謂阿閦佛？是否真正了解三次元、四次元、五次元等意義與空間概念？

他默然不語。

我點出的問題是，他的修行觀太過複雜，而且也沒有真正融會貫通：有好奇心卻沒有專一深入——這也是我在許多個案身上看到的問題。現今人們喜歡透過閱讀與網路自修，這裡的資訊捉一點，那裡的大師觀點聽一些，外星人、佛教功德論、輪迴轉世消業說、冤親債主討債說……混來混去其實就只是投個人之所好。

站在我的角度來看，不論是外星人系統、佛教系統或靈修觀，其世界觀、宇宙觀和修行次第都要緊緊扣住「心」，必須能夠解決每個人「心」所造作出來的問題。從存在主義來思考，心理治療思想家——歐文・亞隆（Irvin D. Yalom）就曾提出，存在感、死亡課題、心的孤獨和無意義等是每個人必定存在的問題。那麼，我們的修行觀和信仰是否能夠幫助我們化解以上問題呢？這是每個人都必須仔細思考的。

修行（包含靈修）與民間信仰看似兩條完全沒有交集的路線，但其根本的核心精神都是幫助我們淨化內心，得到寧靜，了悟世間的一切，以超然的心超越世間的苦與樂。唯有緊扣住這個核心精神，在修行過程中時時警惕在心，我們才能反省當下的所作所為是否偏離了修行與信仰的基礎。

‧1‧ 靈修人的小圈圈

思辨不一樣的靈修路

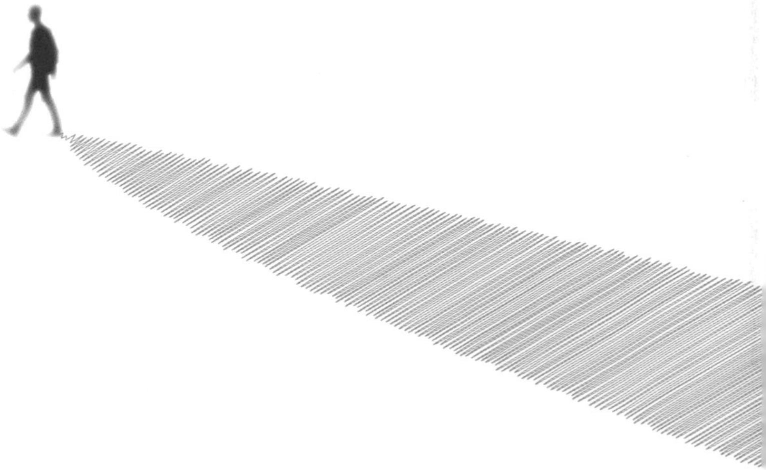

—宇色手札—

還有什麼比閱讀一堆由艱澀文字堆砌而成的文獻更為痛苦的事呢？明明已經讀了無數的文獻，卻仍然不知自己想要研究的是什麼……

當我一頭栽進這片汪洋書海時，就好像術士入山閉關修練，在短時間內快速增加知識寶庫。看著一本本由民間信仰、宗教、人類學學者以及碩博士生，以努力、思辨堆砌而成的靈修相關研究，心中不禁想著一個問題：「現今民間信仰中通靈人、大師這麼多，對玄學的解釋常常是『我說的算』，如果能夠增強學術理論不是更好嗎？」

本章是讓讀者戴上與我相同的眼鏡，來看看不一樣的靈修面貌，也許你會發現，這些田野調查已經挖掘了這麼多靈乩前人的智慧，現今的民間信仰卻仍在原地踏步……。不過，只要能夠仔細閱讀此章節，相信你在靈修方面的觀念會獲得跳躍式的成長。

有讀者問我：「為什麼你們家瑤池金母教導你的觀念，會與坊間那麼不同？」我想告訴正讀到這裡的你，答案就藏在這個章節當中，如果你也想知道為什麼，請務必好好的閱讀並加以思考。

本章中所提及的人物或許與你毫不相關，但是，請試著將他們的故事與你自己的靈修態度、方式與所接觸的宮壇緊密地扣在一起吧！如此一來，你必然能從中獲得許多想像不到的啟發。

一位年輕女性在大太陽底下，雙手比起蓮花指，不斷地轉圈圈，二十分鐘都還停不下來；一位老乩童在帶領靈修者訓體時，突然一手拿蒲扇、一手持無形的葫蘆酒壺狂飲，儼然變身為濟公；一些男子在寺廟前踏著如同王爺、關聖帝君般的威武步伐；一群人在廟宇前做出類似群體起乩的動作……

這些畫面儼然已成為臺灣廟宇文化的一部分，相信對你來說也一定不陌生。是靈動，是起乩，還是自我催眠？這些都不是我現在想跟大家討論的，不過，我們或可暫且將它泛指為「靈動」。

走在靈修路上，很難將「靈動」這項異於其他信仰的元素排除在外，然而，甚少有靈修人——甚至連宮壇主事者也一樣——具備足夠的能力去處理、判斷和解讀靈動背後的意義，或去回應靈修人靈動時肢體語言背後的潛意識與心理狀態，最多只能依照外在的行為、肢體語言進行通則性的推測，比方說依其肢體語言分辨女神或男神，依其動作與某神祇相似而大膽推斷其靈源出處，例如：

「主事者常會仔細打量著說『你是驪山老母』或『你是黑面三媽』等，這樣的評斷來自於靈乩或修行者彼此的『神交』直覺；也有以所舞動的靈舞來分辨，孩童形態可能是三太子、中壇元帥，優雅狀態可能就屬於女神的母娘系統，舞動大刀壯碩姿態可能是關公，醉酒樣子可能是濟公等。……有一部分人則可能同時有男、女神的靈源，像王師乃本人到了驪山老母廟前，就現身為女神姿態，說話音聲也屬於女人腔調，但平時會靈山時，卻以關聖帝君或玄天上帝的聖像呈現。」[1]

我甚至還看過一篇文章，將靈修者的靈動視為一種起乩、靈駕現象，依照起乩時身體所產生的冷、熱、黏等現象，分為陰間靈、仙佛神靈與水族靈附身，撰文者因此建議，除了熱等現象以外，其餘通通視為不好的靈。真是如此嗎？其實，這位撰文者也與一般人有著相同的迷思，將靈乩與乩童畫上了等號。對此，我心中常常會升起一個疑惑，不管是研究靈修者、靈修人本身或宮壇主事者，對靈動難道都沒有過以下疑問嗎？

- 豐富的肢體動作有無可能是靈修人內在意識投射出來的？
- 當心中對某仙佛菩薩產生個人喜好時，是否可能影響動作的展現？
- 有無可能因為受到在場人的鼓動，進而影響意識與潛意識的運作？
- 靈動時的神祇肢體語言有無可能是潛意識的催化？
- 承上題，為什麼神祇會現出一般人印象中的肢體語言呢？
- 最重要的是，為何大家只將靈動與鬼神連結，卻跳過了一個人的心理深層問題呢？

坦白說，我甚少看見靈修人透過思辨與反省能力，來處理靈修過程中的種種問題——就連許多跑靈山二、三十年的資深靈修人，都從未反思過自身的現象或問題，只是盲目地相信前輩、老師的話，抑或根本無從反駁起。從這個有趣的現象，我們或許可以推測：現今的靈修模式，很可能就是這樣一代傳著一代而來，而最嚴重的，莫過於從網路或他人口中道聽塗說而來，沒有經過任何反思——不論這些資訊是對或錯。

在繼續往下看之前，我想先給大家兩個關於靈動的基本知識：

- 靈動不等同於訓乩，靈乩與乩童是完全不同的特質。
- 靈修是以能夠自修為終極目標，並能成為一個明心見性、內省自悟的靈乩；而乩童訓乩，是為了成為替神明辦事的乩身。

這兩大觀點是本書最重要的核心，也是一名靈修人或想探訪靈修世界者必須要謹記在心的重點。

被催眠的靈修修行

一名女個案曾告訴我，她走靈修十多年，過程中花費了近兩、三百萬元，大部分都花在祭改、渡化自己與家人的冤親債主、全省接主靈與跑靈山——每趟上千元不等；值得深思的是，前三項根本不屬於靈修的範疇。這名個案在靈動中會比畫出鳳凰的動作，我問她，以前的主事者是否曾告訴她「許多女性都是鳳女轉世」，她說有，但她不信。我跟她說：「雖然妳說不相信，但其實已經被催眠了。」不然怎會一靈動就做出鳳凰動作呢？

她並不是我第一位遇見的「鳳女」，在全省各地會靈時，我看過的「鳳女」、「龍兒」不下百「隻」，靈動姿態千篇一律是鳳的優雅與龍的威武，毫無例外；我也看過某宮壇師姊在苗栗仙山靈動時，像一隻鳥般踮起腳尖繞著小小廟前廣場打轉，口中不斷發出鳥叫般的聲響。站在旁觀者的立場，心中不免想問：「這對靈修的意義是什麼？」

難道除了龍兒鳳女，就沒有其他靈脈存在了嗎？這和許多自稱是觀世音菩薩、母娘、佛陀、文殊菩薩、三太子轉世下凡來濟世救俗的主事者、通靈人根本沒什麼兩樣。我常異想天開的想像，一群自稱相同仙佛轉世的人彼此相見時的場景，他們會不會互相指責對方是「冒牌貨」呢？

類似的現象在真實的靈修世界當中並不少見，很多人還不識靈修為何物，就被主事者、資深師兄姊的言語固定在某一個框架中，例如：你的靈主、主神是某某神明、你現在的靈動代表某某意思、你帶天命所以必須為神明辦事……這些暗示性言語往往會對靈修初學者的潛意識產生某種作用。

靈修界另一個詭異的現象，即尋找天界遺落在人間的神靈，例如尋找瑤池金母的七位女兒——七仙女、天界一百零八位星宿轉世的天人、龍華盛會中瑤池金母護法的天兵天將……這些神話故事總是在民間信仰與靈修界不斷地出現與更換版本，不變的是，走入民間信仰的靈修人總是很難抵擋其誘惑。

整體來說，靈修已出現太過泛神話、神鬼等形上學的現象，就連靈修人檯面下的討論，常常也是架空在不切實際的神鬼、因果論上。然而，藉由印證、實證與實修的方法，修行才能夠較具系統，並且深入、分明、透澈。這十多年來，我從各式各樣靈修人身上觀察到的心得是：在靈修路上，**具備有系統的實修經驗，比空泛的意義詮釋更重要。**

前人怎麼教，後人照做就對了？

許多靈乩的修練過程和日後靈修觀念，都與初期接觸宮壇帶領者（乩身、主事者、師兄姊等）的觀念、修行法有密不可分的關係；後進傳承了先進的教導，並帶著自我意識修行，這與正統的宗教修行有很大的不同。

就我個人的靈修經驗，以及近年來學員、個案身上所觀察到的現象顯示，每一個靈修人所接觸的宮壇文化、修行方式，或多或少都是自己主觀意識投射下的結果，事實上，**靈修**

人本身就會帶著主觀意識挑選帶領者與修行方法，「在〇〇金鑾殿服務不久後，某天殿主勇師兄便拿出了宮服給他們，由於大家都是進來很長一段時間才拿到的，這令他們感到很驚訝，是一種被團體認同的象徵，也是一種緣分，這件事也讓兩人想在此為母娘服務的心更為堅定了。鳳師姊說：『之後在那邊就愈走愈順啊，慢慢的跑高雄變少了，變成去金鑾殿，而且高雄師姊她們開始注重靜坐跟誦經，但是我比較想要動（此指靈動、煆身、訓體）啊！感覺比較有效吧！』」[2]

一心想為神佛辦事、想成為通靈者或自認天賦異稟的人，在找宮壇、導師或選擇靈修路時，就會希望學習到較多玄祕教法和通靈技巧，而若本身對通靈、辦事不感興趣，便能接受以收攝其心與練身健體為主的靈修法。說到底，都是自己的心造作了一切的結果。

主觀意識會影響你的選擇

去除帶領者的私人行為、個人魅力與師兄姊相處氣氛等常見因素，其他影響靈修人挑選宮壇的潛在主因還有哪些？在前述案例中，鳳師姊認為在〇〇金鑾殿走得較順（可能與接受度、生活順遂有關），加上原本所待道場的修行重靜坐與誦經，而鳳師姊傾向要「動」——她並非完全依循前人的靈修方法，而是以本身的喜好做出選擇，只是語句中仍見不確定感；她所謂的比較「有效」，或許是認為動態的方式對自己的靈修更有幫助。

靈修人挑選宮壇以及靈修方式，受到個人主觀意識左右的成分非常大。這是個非常值得探究的現象，其實，我確實也看見許多個案、學員有類似的情況。

多年前，有一對姊妹預約問事，兩人均具有靈動體質，接觸靈修已一段時日，其中，妹妹對靈修興趣不大，希望將生活重心放在事業上；反觀對靈修有一定執迷的姊姊就很不一樣了，她很希望能借我的口告訴妹妹，走靈修是她的天命、此生必須執行的任務。然而我並不這麼想，**修行全憑道心，時機成熟便是道心發芽之際，那才是修行之日，任何的修行都不應該存在他人主觀的看法**，無奈我如何解釋，她就是希望妹妹走靈修。究竟靈修之路是神明影響，還是主事者教導？說穿了，其實都來自於自己的欲望。

曾有讀者表示，他雖認同我的靈修觀點，卻因太過真實而無法承受，因為這簡直全然否定掉他多年在宮壇的修行。這位讀者並非單一個案，我的許多學員——不論是上幾小時講座或幾日課程，他們所找尋的，不過就是契合內心想法的某個（些）人罷了。

侍女變武將的矛盾角色

接著，我們再來細看這間宮壇的修行方式：

「因緣際會下來到的○○金鑾殿，注重訓體的修行方式是吸引鳳師姊的最主要原因，其次是經由開靈盤所得到的靈文，可以較詳細的從中分析這個人適合走的修行之路，鳳師姊也在殿主的教導下，開始了解到自己必須訓練『鳳』這條靈脈。九龍九鳳是眾生靈脈之源頭，為王母身邊的護衛，統稱男性為龍子（武將）、女性為鳳女（仙女或侍女）。鳳女的動作主要以翅膀舞動為主，也就是手臂的揮動，邊訓體要邊想像翅膀愈展愈開、愈張愈大，有時也會配合踮腳、轉圈，以及鳳指等手勢變化，強調身體動作跟意念配合才能達到靈、體合一。鳳師姊認為鳳女如果久沒動，翅膀會慢慢的僵硬，到最後鳳凰飛不動，就無法歸返瑤池了，所以就算再瘦再痛也要忍耐，她本身因為長期工作導致的肩頸痠痛，卻也因為這樣的訓練好轉了不少。而龍師兄也開始練習如何扮演好護法『龍』的角色。」[3]

長久以來，「龍兒鳳女」一直都是靈修人在初期接觸宮壇時最常聽到的說法，有趣的是，文中提到「九龍九鳳……為王母身邊的護衛，統稱男性為龍子、女性為鳳女」，鳳師姊與龍師兄的靈是龍與鳳，意味著他們與西王母之間有著頗深的淵源，但在同一研究中卻又提到：

「同時在靈盤（靈界天盤，此指靈界的意思）中，鳳師姊也了解到自己領有『三花指令』，為十八道姑穆桂英的靈脈。十八道姑為驪山老母的十八位門徒，其中比較著名的有白雲道姑樊梨花……，穆桂英是一名武藝高強

宇色小辭典

三花指令

許多坊間宮壇在缺乏對道教儀軌、佛教義理的認知之下，在靈修的各式修行路徑上，常會自創新的名詞，以解釋信徒、弟子修行時的種種現象，因此，筆者推測「三花指令」應該是該宮壇在靈修上自創的專有名詞。

的掛帥女將，因此是屬於武將的角色，需要操弄五方旗來率領兵馬，進行『發照』——也就是將公廟的公文傳送到天庭的任務，就像政府機關送公文一樣，必須讓上天接收到並准許後才能進行後續工作。鳳師姊說：『要做一些五方的工作，像帶兵啦、發照啦，拿五方旗——像是歌仔戲她們後面插的那種有沒有，以前事業會失敗都是因為兵馬來亂啊，把這條靈訓起來也才能辦事啊！』[4]……龍師兄說：『後來原本掌旗的師兄比較少來，所以殿主要我去練，他先教我用旗子在空中畫『8』這樣練，練了很久，之後後面的動作都要自己發揮了啊！』[5]」

讀者不知有沒有意識到，鳳師姊的靈從王母身旁的鳳凰轉變成穆桂英的靈脈[6]，她的靈脈究竟是出自西王母還是穆桂英呢？若其靈體是西王母旁的侍女（鳳），又要怎麼歸穆桂英麾下，專司帶兵、發照呢？這樣的矛盾實在讓我對鳳師姊口中的靈產生疑問。

這類情形不只出現在此案例中，靈修人在靈修過程中，常會對自身產生這種不確定性，因為他們通常都不了解靈動意義為何，察覺力較薄弱，所以僅能從靈動時的肢體動作粗糙判斷，而對於修行方面的各種疑惑，也會傾向以資深師兄姊或主事者的看法為主……

瞎子帶路的修行

在未下任何定義之前，鳳師姊進入靈動狀態，便只是純粹的一種「狀態」，一旦它被賦予某種意義（一隻鳳或穆桂英的靈脈），在潛意識與自我認知上就很容易自我投射並樂意接受這樣的結果。西王母的侍女、仙女是眾生靈脈之源頭，而其所擁有的溫柔、細心特質，其實與穆桂英武將的形象大有不同，但人們卻往往沒有察覺到這種矛盾。

「『當別人跟我說她聽到神明跟他說話的時候，我就問她聲音是男還是女啊、有看到人嗎？她說也沒有啊，就只是一個感覺。訓體也是一樣啊，就是一種靈感，如果是身體被帶著動，那就跟乩童沒兩樣啦！』鳳師姊的話中透露，訓體並不是像童乩起乩那樣，單純的依靠『靈帶體』來做出動作，而是藉由『靈感』來表現出所接收到的訊息。換言之，並不是什麼外來的力量帶動，純粹是內部的靈感啟發來引導身體可以怎麼做，藉此啟動了靈，打開了靈感的來源，並視為與天地連接的軌道。

研究者還發現，對於分辨靈的種類，每個人是各有不同體悟方式的，並不能概括而論。以鳳師姊而言，剛開始進入修行時，能力還不足夠判斷自己感受到的靈是何種，只能跟隨著感覺訓體，而在持續的修行期間，資深的靈乩會告知是否有因果的干擾、需要什麼儀式來解決，或是以自己的修行來迴向，就這樣一步一步的排除後，慢慢的提升到本靈的階段，許多能力也會因此展現，像是通靈的能力。」⑦

鳳師姊對於本身靈脈和修行一事，全憑宮壇主事者與資深靈乩的教導為主，但從修行者的角度來看，這種方式充滿危機，就像矇眼行走在斷崖邊，卻全憑前方的瞎子帶路。「資深帶入門」的現象在臺灣靈修界十分常見，前輩、主事者在靈修人成為靈乩的養成過程中，扮演著非常重要的角色，具有引導、說明、帶領、指示和傳授觀念等功能，靈修新鮮人依照前輩指示，根據身體的反應而在訓體過程中摸索各種問題，進而了解一切。

弔詭的是，鳳師姊的師兄的教導，竟然還融入了催眠的手法！

「鳳師姊說：『那時候勇師兄會教我們怎麼「借假修真」啊！像是幻想一個景，裡面有草原啊、有馬、有兵將，讓你比較好進入狀況。』依照宗教的概念來詮釋，研究者以為，『借假修真』其實都是一種想像力的發揮，『假』指的是靠意念幻化出『景』來輔助身體更快進入情境，『真』則是藉此引導出元靈並進行修持加以反璞歸真，使靈的能量被喚醒起來。例如鳳師姊幻想自己是一名帶領千軍萬馬的女帥，需要用極具氣勢及力量的動作及表情來領導，當動作及心靈都被開發出來後，穆桂英的這條靈脈被喚醒了，靈與體便能結合，發揮出更大的靈性力量。」[8]

在這邊，我們必須思考的是——**到底什麼是靈修？靈修的意義是什麼？**這樣伴隨著催眠、自我想像的修行模式，深深影響了鳳師姊與龍師兄，當兩人具備一定程度的理解與能力後，便用相同的模式帶領靈修新鮮人，「龍師兄與鳳師姊在教導信徒時，對於比較難以啟靈的人，會先用引導的方式，帶領他以基本動作來練習，再以個別的靈性角色來加入想像力的誘發……。」[9]

讓神話不只是神話

靈修法門真的是靠想像來提升修行境界的嗎？其實，這當中還隱藏了另一個問題：日後靈修人在靈修過程中所產生的超感知經驗，是否會因前人引導與訓體過程中的「積極想像」而產生不切實際的幻知幻覺？用這樣的方法修行，要如何達到自性自悟呢？我在研究所讀諮商輔導時曾讀到這樣一段話：「助人的意義有兩種，一種是幫助他人尋找到生命中的陽光，另一種則因個人因素而導致受助者陷落至更深的谷底。」在幫助他人之前，自我成長與不斷地檢視內心真的非常重要，不可不慎。

鳳師姊的經歷對許多靈修人來說並不陌生，我也沒有否定這些虛擬人物與神話的意義，畢竟人們在無法解決現實中的問題時，本就常會透過神話故事來達到內心的平衡。當代神話學大師——喬瑟夫・坎伯（Joseph Campbell）曾說：「神話是民族共同的夢境，是人類集體思想的展現。」延伸坎伯的觀點，我認為神話故事、歷史人物的事跡鮮明地出現在靈修中並沒有所謂的對錯，但應著重於其「意義性」。

我們因相信註生娘娘的故事而膜拜祂，祈求解決生育問題，我們也相信透過《聊齋志異》中月下老人的能量，能幫助我們找到生命中的另一半……我並不否認上述說法，但希望大家能夠好好思考，這些神話中的人物與靈修人之間的生命課題為何？我們可以在神話當中讓心境向上攀爬到何種境界？它能夠帶給我們內心哪種宇宙觀、生死觀？能滋養何種心態，幫助我們跳脫世俗的苦難……若能以此為出發點，在靈修的路上，神話就不再只是神話，反而能協助每一個人撰寫全新的人生劇本與藍圖。

沒有明確的修行路徑？

在這種跟著前人依樣畫葫蘆的靈修模式當中，還出現了另一個特色，那就是：許多靈修人的訓練養成其實並無明確且統一的模式，例如鳳師姊與龍師兄都是以訓體為主要的靈修方式，但另一個案例則完全不同：

「後來我的啟蒙師兄就說，自己學，自己去深入探討，去找解除、恢復孩子健康的方法。我也覺得不錯，所以就在家裡，師兄帶著我慢慢的學習靜坐。突然有天，啟蒙師兄暗示我，三天後講話『不像人』。結果無形界（靈界）的觀音佛母下來的第一句話是『全臺灣是我的道場』，講起來很臭屁喔，就這樣開啟了『第三眼』……我的第三眼開了之後，啟蒙師兄常帶我去看自然界的無形（靈界）現象，像去看『牛鬥』這個地方，在無形的地理真的有兩隻牛在鬥。我們還會去臺北，都是看大自然的，真的很有趣，當時還沒有辦事，然後人家問事情會幫人家解答。嗯，覺得好奇，好玩，那時是（民國）八十幾年的事。」[10]

這位師姊在走向靈乩的路途中，並沒有經歷過鳳師姊與龍師兄的訓體、靈動過程，而是以靜坐開啟了她所認為的第三眼，亦透過同樣的模式為人服務。這兩間宮壇的靈乩養成有著天壤之別，但又都與一些靈乩養成過程必定伴隨著的靈語、靈動不太相似，「一般民間信眾所認識的乩，過去主要就是乩童，以及鸞堂的鸞生。靈乩現象的興起，確實對『乩』的觀念產生了一些轉變。靈乩並不需要操五寶或是扶鸞，他們表現的形式是說靈語、唱靈歌、跳靈舞、靈動等。」[11]

雖然靈乩養成沒有一套明確的修行路徑，但靈乩與乩童在本質及養成過程上都有很明顯的區別。靈乩捨棄（或可說升級）操五寶與扶鸞的型式；進一步來說，靈乩與扶鸞本就沒有太直接的關係：靈乩是種經過自我修練後的人格與身體特質，扶鸞則是透過工具與靈溝通的行為；有人認為將「肉體」當成靈與人之間溝通的橋梁，亦是另一種扶鸞的形式，也就是乩童。

「早期鸞堂扶鸞的主要功能不在著書，而在滿足信徒的心理與物質需求，為信徒治病、解決疑難、卜問吉凶、求財尋物等，扶鸞著書則是附帶的宗教活動。」[12]而靈乩雖仍具有傳遞聖靈訊息、為民解惑的功能，但靈語、唱靈歌、跳靈舞、靈動等修行形式，與為百姓解惑並無太大關係。

宇色小辭典

五寶＆扶鸞

- **五寶**：七星劍、鯊魚劍、狼牙棒、銅棍（月眉斧）及刺球，此五寶亦代表制煞五方之意。
- **扶鸞**：以各式工具當成人與靈之間的溝通媒介，例如轎子、Y字型木頭等。

跳脫血腥味的操練模式

成為仙佛菩薩在民間傳遞訊息的管道，為信徒、百姓解惑的濟世觀，一直是臺灣民間信仰最鮮明的特色，也是與其他宗教最明顯的區別。雖然靈乩有著與乩童相似的訓體儀式，也同樣有靜態（靈語、唱靈歌）與動態（跳靈舞、靈動）的修練過程，卻不再有乩童充滿血腥味的操練、手持各式法器或兵器等行為——或許現今「乩」（靈媒）的角色已經進入到更高的層次中：

「『從乩童開始，深一層就是扶鸞，再深一層是靈乩，又再深一層是天人合一，以上皆是外靈借體助您，才有福慧；更再深一層是自性修持，乃以靈體自持修練。從修行的角度，靈乩的身分高於乩童；從領受天職角度來說，靈乩也比乩童更廣。』中華民國靈乩協會，將『乩』分成『乩童』、『靈乩』、『聖乩』三階段，靈乩仍只是階段性過程，最高境界就是聖乩。」[13]

靈乩養成更高於乩童層次，不僅培訓過程有所不同，在日後的自我修練也有相當程度的差別，那麼，鳳師姊、龍師兄操弄五方旗、耍大旗等訓練養成模式，是乩童或靈乩呢？我大膽地推測，或許連他們自己都不是很清楚如此修練是邁向靈乩之路，或者自以為是靈乩，事實上卻融入了太多傳統的乩童養成。我們或許還可以進一步猜想，鳳師姊、龍師兄所處的宮壇主事者本身就是乩童，因此將其養成方式傳承了下去。

這裡還有另一個案例：「中壇元帥（五方將居中）的乩身，很般切的鼓勵來宮裡修行者個個能夠起靈做動功，甚或『全駕』的起乩，所謂的『全駕』據李師兄的解釋為：處於『氣功態』的催眠狀態或全無意識情境，當然還是有一些意識存在，做著類似神駕的動功，哪一尊神祇降駕就做那一尊神祇的動作，再配合法寶（如寶劍、鐵環、枴杖等）操弄並口說靈語（有的不講），直到退駕為止。」[14]閱讀這一段故事時，你分得清楚它是乩童還是靈乩的養成嗎？請仔細思考後再繼續閱讀下去。

外靈乩，內乩童

坊間宮壇對於靈乩與乩童的養成，有許多模糊不清的灰色地帶。在上段故事中，我們原可根據「起乩」二字判斷此宮壇主事者的教導為乩童訓練法，但最後又出現了「靈語」這個靈乩獨有的特徵——一個乩身或靈媒不可能既是乩童又是靈乩，因此，最有可能的現象就是，**宮壇人對於靈乩、乩童的養成和靈修定義尚無法確切明瞭**，因而出現了「外靈乩內乩童」的詭譎靈修現象。

宇色小辭典

靈動的氣功態

初期靈修人進入到靈動狀態時，會感覺到體內有一股無形氣充斥全身，它會帶動全身做出各式各樣的體態姿勢，例如瑜伽、打拳等等，初期這些無意識的動作都是出自於「無形氣帶動全身」，與仙佛沒有任何關聯——當你的意識有絲毫的動搖或欲望時，便會表現在這些無意識動作上，例如念頭閃過「觀音」，便會出現蓮花指、宛如觀音走路般的姿態。因此，進入靈動的氣功態時須保持一心不亂、不動心念，以避免因心念導致氣功態偏差。

靈乩與乩童的訓練方式，除了在性質上有很大的差別之外，就其肢體展現上也可以看出明顯的差異：「慈惠堂的通靈現象似乎已開始轉向靈動的型態，以說靈語、唱靈歌、跳靈舞……等各種形式為主，擺脫傳統乩童以利器擊打身體展現神威的形式，和鸞生以鸞筆扶鸞呈現神靈諭示的複雜儀式型態。」[15]

相較於乩童，靈乩的養成較偏靜態，也沒那麼血腥。從十幾年的觀察中，我發現許多人自認為其接觸的宮廟是以靈修為主，但與之細談過後，便能發現他們言語中常會出現靈駕、轉駕、起乩等乩童養成專有的術語；這就好像口口聲聲稱自己是佛教徒，在修行上卻離不開燒金紙、渡冤魂等民間信仰的觀念一樣。

會靈山的靈修模式在民間一直飽受其他民間宗教的批評，其來由就是靈乩的通靈模式完全是自由心證，不受任何傳統傳承體系的約束——任何人只要自稱有感應的能力，都可被說是靈乩[16]。這或許也是我們較難分辨出是靈乩或乩童的主因吧！然而實情是，兩者雖然同樣都是以坊間宮壇為主要修行場域，但修練與屬性卻有明顯的差異。

靈乩與陰陽眼、通靈人、乩童

另一方面，一般人也常常將靈乩特殊體質與陰陽眼、通靈人、乩童畫上等號，再加上靈修新鮮人甚少接受過正統宗教洗禮，僅能從自己片面的經歷去看待靈修，在對靈乩特質不甚清楚，也分不清兩者差別的情況下，於靈修過程中不自覺融合了乩童養成法的情況，也是所見非鮮。

「乩童辦事需要透過外靈附身，外靈泛指仙佛與低等靈等，過程中依然存有個人的意識形態，故其中的真真假假，外人無法分辨。隨著辦事的時間愈久，乩童本身的敏感體質也會愈敏銳，有不少原本以乩童辦事的人，逐漸地轉變以通靈方式，不再讓外靈附身。通靈人便是俗稱的靈媒，以看到、聽到、或是心通為主要的辦事方式，他們無需依靠外靈附身，僅需讓外靈將聲音或是畫面顯示，再傳遞訊息讓人了解，便達到辦事的效果。一般來說，陰陽眼也是屬於通靈人的一種。」[17]

單純就肉體、靈力與外靈三者來說，乩童辦事需有外靈附身，才能為民眾進行解惑以及祭改、收驚、治病等其他宗教儀式，乩童與外靈有著互相依附與依存的關係，而肉體與外靈在某種意識層次上必須融合；另一方面，通靈人、陰陽眼甚至靈乩與外靈的關係，至少在意識與肉體上是兩個獨立的個體，僅在意識上有交流與溝通，肉體不受祂們（它們）所依附。因此，在為聖靈辦事上，前者必須將個人色彩與意識降到最少，後者則保留了最大的個人觀點與風格。

簡言之，乩童是在修練身體的純淨，以利仙佛菩薩降身辦事，而靈乩則是修練心性、丹田，以提升沉睡的體內拙火（人們體內的一種無形能量，常盤於下丹田，又稱為靈蛇、亢達里尼），達到靈魂與元神的合一，便能透過元神與外靈意識交流，這是兩種截然不同的路數。若能了解這層依存關係，便能進一步定義乩童、靈乩與陰陽眼的簡略判斷方式。

講到這裡，不得不提到一位人物：活躍於六〇至七〇年代，自稱為蓮花生活佛轉世的盧勝彥。雖然盧勝彥後期自創的「佛教密宗臺灣本土性新興教派真佛宗」主要在宣揚密宗佛教，但在他的早期著作中，依稀可見他對靈修、啟靈、靈動等現象的詳盡說法。「真佛宗是一個在臺灣當代相當蓬勃的宗教團體，在全球各地的分寺、堂或同修會組織數量龐大，其中又以臺灣為最多，其創教及領導者盧勝彥尊稱林千代師姑為啟蒙師尊。」（引用自《石壁部堂林千代生命史》）

丁仁傑的《社會分化與宗教制度變遷》中則提到：「盧勝彥會進入民間信仰的世界，和林千代的帶領有絕對關係。林千代長期協助盧勝彥進行宗教訓練，盧勝彥也多次到石壁部堂接受林千代在宗教上的訓練與培育。」

同時，丁仁傑也提到，真佛宗教團本是以密宗之姿出現在臺灣信仰中[18]，然而在瑤池金母聖誕之日，盧勝彥卻會回國舉行瑤池金母祈福法會[19]，也曾在書中不斷宣揚瑤池金母並教導人們持誦其尊號，並提及自己是由花蓮石壁慈惠堂林千代師姑帶領下進入靈修。

「石壁部堂位於花蓮市西郊的山腳下，屬於慈惠堂體系中的一分堂，分靈自法華山慈惠堂。創建於民國五十四年（一九六五年），主祀瑤池金母，以渡陰渡陽為宗旨。石壁部堂以牽亡魂聞名海內外，其中牽亡靈媒林千代被譽為『臺灣首席靈媒』。」[20]林千代為石壁慈惠堂主要的辦事人員，其信仰的神祇是靈修派的主要代表神明——瑤池金母，所以她帶領盧勝彥進入修行法門時，自然會以靈修為主。早期盧勝彥以靈修法門進入修行，其書中所談及的靈修經驗應屬靈乩的範疇，只是其信仰在後期接軌到密宗，導致日後的宗教宣說將母娘的靈修法結合了西藏密宗的修練，嚴格說來，他是自創另一派的密宗與靈修。

靈修 Point

聽見不一樣的靈修聲音

當你想在坊間尋找相關書籍作為參考時，大概就會發現其內容仍以通靈人、陰陽眼等敏感體質（敏感體質指能與異度空間接觸的體質，不論是看見、聽到，或是感受到）為主要大宗，例如：向立綱《活靈活現》系列、施寄青《當頭棒喝》與《聽神說鬼》系列、黃子容《前世今生》系列、索非亞的《靈界的譯者》系列，以及一些通靈類叢書，例如潘明雪《為什麼是我？：菩薩找我當代言人》、郁文《神譯者：聆聽菩薩的弦音》、筆先生《當臺大人遇見通靈人：科學與靈學的交鋒》、廖雨辰《我的通靈經驗》等等。以上大多屬於通靈、陰陽眼的範疇，他們的觀點及其對玄學的認識，僅限於「外靈」給予他們的靈學觀點，而非以修練靈乩而來，因此書中很難找到解釋「靈乩」現象的論點。

純以靈修與靈乩為主要論述的書籍在市面上寥寥無幾，只有少數幾本專書談及，隨緣的《靈界修行筆記》即分享了作者自身對會靈、靈動、天文、靈語等靈修方面的相關領悟，但較未著墨於靈修歷程與經驗。在這方面，以我近幾年的著作——《我在人間》系列四本書為代表，內容從我無意間出現靈動，因緣際會下進入跑靈山、會靈等一連串靈修過程的經驗為主要重點。然而，「經驗」對靈乩和讀者來說，卻是非常重要的一環，因為**真理是靠自己的實修與經驗換來，從別人口中聽來的觀點皆不能當成真理**，建議想要更進一步了解靈修的讀者，必須先明白民間信仰、靈修之間的界線，而在選讀靈學、通靈、玄學類書籍時，也務必很清楚作者本身的體質，閱讀時才不會陷入囫圇吞棗，甚至深陷其中無法自拔的現象。更重要的是，作者的經驗是作者的，你可以當作參考，但要記得不可照單全收，一定要思辨、實修，加以對照省思，找到屬於自己的修行之路。

質疑是修行的第一步

本章主要是想提醒對靈修、神鬼有興趣或正走在靈修路上的你，務必思考一個問題——靈修法門是否有可供參考、依循之處？千萬不要陷入某種幻想、催眠、他人言語為主的想像式修行了。

修行的目的是為了增加定力、解決煩惱、洞察內心的不善，化解內心對情欲的貪婪與執著，是為了洞察內心各種欲望與無明根源，藉以屏除內心五毒——貪、瞋、癡、慢、疑，達到明心見性的寧靜。當中最重要的是有一條明確的修持法門，讓靈修人以有系統且清晰的次第往前邁進。或許，這一條尚稱年輕的靈修路並不像其他宗教在修持與教學上那樣，具有明確的系統，但只要萬法不離「心」，就能化解心對世間執著的沾黏——可惜的是，我們往往只著墨在靈修表面，而未能看見這個重要核心。

如何面對仙佛的慈示？

本篇正文中提及某位師姊開天眼的過程中，接獲觀音佛母的慈示——「全臺灣是我的道場。」這令我想起一段故事：

一位學員上了我的「靈修．覺醒旅程」課程，結束一期課程後，他在我們再次見面時分享說，重回所處的宮壇後不久，宮壇裡的人就如鳥獸散般紛紛離開了宮壇。

背後的原因是，宮壇的師兄姊都體認到主事者的靈修觀不太正確。有一次，主事的師姨告訴他們，瑤池金母指示不久後將有進香團乘著二十多輛遊覽車前來進香、參拜；所有人都不相信如此誇大的神諭，唯獨師姨一人遵循母娘指示，裡裡外外認真打掃宮壇、禪房。結果預言的時間到了，連一輛遊覽車也沒有……此事讓更多人認清了現實。

要如何在仙佛慈示與現實中取得平衡，或許也是每一位靈修人走這一條路時，必須時時謹記在心的事。

令旗有那麼重要嗎？

至於乩童與令旗的關係，我曾在網路電臺邀請身為乩童多年的友人上節目，暢談乩童不為人知的故事。我事先請聽眾回饋他們最想提問的問題，像是：

- 令旗能容納萬名將軍兵馬？請了令旗回家，就有千軍萬馬保護全家？
- 令旗真的有分辦事用、訓體用、鎮宅用嗎？訓體靈動時一定要拿令旗？
- 聽說請了令旗後要每天燒香，若不拜，兵馬可能會被收走。真的嗎？

- 每月初二及十六燒金紙叩謝令旗內的將軍兵馬，以乩童與靈乩的觀點來看沒錯嗎？
- 有人說，靈乩在會靈時要帶著令旗去，宮廟認旗不認人，有旗就開正門，是真的嗎？

站在靈乩的角度與我十多年的靈修經驗，從未曾聽過、做過上述諸事。這些事在我認知中皆屬乩童範疇，是早期傳統宮壇乩童的訓體、宗教儀式，與靈修無關。身為乩童十多年的友人也在節目中表示，雖然令旗是宮壇中常見的神祇代表物，但現代人卻將之過度放大了。因此，不論是從靈乩或乩童的角度來看，聽眾提出的這些問題，皆與靈修及乩童修練沒有任何關係，純屬宮壇主事者個人的看法，以及過度詮釋了令旗的意義。

思辨再思辨吧！

我想傳遞的另一個重要訊息是——思辨、質疑是「戒」，也是「修行與研究」的第一步。你是真正地思辨了每本書、每位大師的思想及觀點，抑或是囫圇吞棗地接受了一大堆毫無根據的說法？想要做到思辨，必須先養成時時刻刻檢視內心的習慣：此時此刻，自己欠缺的是什麼？在外求什麼？又想從這世間得到什麼來讓靈性更加圓滿？每句話、每一個觀念都必須不斷被檢視，不論它來自於誰——就算是我也一樣。

有一則從百年前流傳下來的寓言故事相當值得深思：

某個鄉下婦人每次料理魚時，總會先將魚的頭尾剁掉，年幼的女兒看在眼裡，感到很納悶。一日，小女孩終於憋不住心中的疑問，以稚嫩的聲音問母親：「媽媽，妳煎魚的時候為什麼都要把魚的頭尾切掉啊？」

「我的媽媽，也就是妳外婆，從小就是這樣教我的，這是我們娘家的傳統啊！」婦人撫了撫女兒的頭，笑笑地回答說：「傻孩子，有些事等妳長大後就懂了。」

站在一旁沒作聲的婆婆聽了媳婦與孫女的對話後，笑著跟媳婦說：「下一回妳回娘家時再問妳母親，看看她會怎麼說。」

在早期，婆婆的話就是聖旨，做媳婦的哪敢忘記？一日，婦人帶著女兒回娘家探親，便向母親問起此事，結果母親也用相同的口吻回答她，小時候她母親煎魚時就是這麼做的，至於為什麼要這麼做？母親也搖頭表示不知情。

此時，小女孩的曾祖母恰巧坐在門後，聽見對話後走了出來，道出令大家咋舌的原由：以前家裡窮，買不起大鍋子，不得已，煎魚時只得將頭尾去除，隨著時間流逝，她逐漸淡忘這個原由，後來有機會換大鍋子，還是一直照著舊習慣煎魚，結果就這樣沿襲了下去。

傳統，並不是非得遵守或淘汰，但若不去反省傳統背後的意義和精神，就會失去它的價值！不只是靈修的教育過程，我們的日常生活其實也不斷在接受傳統、習俗及前人所流傳下來的想法。不懂得思索與反省，修行將變得只是照本宣科卻不知其所以然。

思辨能力的培養無法速成，回首悠悠靈修路，我不斷的思辨與質疑——畢竟一個人的人格養成，與思考有很大的關係。想要擁有思辨的能力，必須藉由某些理論來對照自己的觀念和自身遭遇的問題——思辨並非思考某一件事，最好要從思考發生於自身的事做起。例如文中提到盧勝彥與林千代的故事，便隱藏著值得思辨之處。《石壁部堂林千代生命史》詳載著訪問林千代後人的內容，像是林千代為人牽亡魂的過程，是因幼子生病求法華山慈惠堂母娘後痊癒，便在該宮壇訓體成為一名靈乩，初期以「問花樹」、「問事」為主。

林千代友人蕭師姑表示，一日夜晚，林千代在她（蕭師姑）屋後的大水缸挑水時，無意中看見七爺八爺現身，林千代膽子大，並不以為意——七爺八爺甚至還跟隨林千代回家！後來瑤池母娘才向她表示，那日七爺八爺現身她眼前，是要測試她的膽量，看看她是否有能力為陽間人牽亡魂，救陰渡陽。蕭師姑表示，這段故事卻被盧勝彥在他書中改編成：林千代是在夢中吃了有顏色的藥，後來才會牽亡的。蕭師姑說：「他以前還寫說千代師姑小時候沒有人要，被她父親丟到哪裡去，怎樣怎樣……，盧勝彥是亂寫的，不是這樣的啦！」[21]

此外，林千代渡盧勝彥的故事中，最有名就是「師渡徒，徒渡師」一事，但沙鹿石壁分堂的蔡堂主說盧勝彥去發展他的真佛宗密宗，後來講話變得好像有點誇大，還說林千代後來反過來拜他為師，「可是我們好多次問她（林千代本人）有這回事嗎？她說：沒有。那個影像好像是用一種攝影剪接、電腦合成的方法做成的，在他們教內很流傳啦！這個老太婆其實是在跪拜他的三寶佛，後來變成好像拜他一樣，這是用剪接、合成、角度這些方法，在網路上放……」[22]

至於最廣為人知的故事，就是盧勝彥於書中稱瑤池金母在臺中玉皇宮借林千代之口尋找盧勝彥，稱盧勝彥為佛骨，日後將渡化眾人千千萬萬。不過，丁仁傑在《社會分化與宗教制度變遷》中則指出，他訪談當時在場者所得到的故事版本是：盧勝彥的母親是一位篤信民間信仰的人，在臺中玉皇宮進行牽亡魂，執事者為尪姨林千代，死去親人的亡靈在牽亡魂過程中指名要和盧勝彥見面，但盧卻未在場。盧母第二天便帶著盧前來，自此盧在林的引導下，開始進入一個他所從未接觸過的神靈世界[23]。

一部關於林千代的研究亦提及她與盧勝彥之間的關係。住在中壢的T師姐說：「我是覺得她沒有這樣講過，她有跟我講這個問題過，她跟我說：『亂寫，那有什麼拜師！』」從受訪者口中，可知林千代反駁了拜盧為師一事，只有真佛宗的弟子才這麼說——筆者在訪問金極雷藏寺的王師兄時，也曾聽其座下弟子告知這個故事。那麼，為什麼要如此宣稱此事？

「……而林千代所擅長的即是與陰的打交道，進行溝通、調解，因此眾人對於林千代推崇有加的地方，就是她與陰魂溝通的能力。盧勝彥雖具有神通，從他的作品中也能看到他極力想展現出與神鬼溝通的能力，但盧畢竟是知名的新興教派領袖，除了真佛宗所舉辦的祈福消災法會外，一般人並無法與他有所接觸，即便是遇到災厄時，也不一定能得到他的幫助，於是盧勝彥的能力究竟到何種程度，事實上眾人多只能從書中所見，然書寫者亦為盧勝彥，難免使人產生自我宣傳的質疑。反觀林千代，民眾只要打電話連絡或親至石壁部堂，就可以得到她的協助，解決陰的問題。因此有許多真佛宗的弟子在遇到問題時，想到的求助者是林千代，而不是遠在美國或其他真佛宗分會的師尊。甚至盧勝彥在閉關靜修時期，無法替人辦事時，也會告訴找他的人直接去找林千代解決問題。」（引用自《石壁部堂林千代生命史》）

這些論述的真假，並非我想討論的重點，我想闡述的是：靈修世界本就隱藏著千奇百怪的論點與神鬼事跡，讓人霧裡看花；真真假假，假假真真，瑤池金母曾對我提點的一句話或許可以送給讀者好好思考：「過於真，無人聽，過於假，無人信，亦真亦假是人間。」

好好認識自己

在我的臉書以及課程中，常常會遇到盧勝彥的信徒——或許是因為我與盧勝彥均信仰母娘，因此才會搜尋到我的資料。以下是一位讀者的來信，從內容推測應是盧勝彥的信徒：

Dear宇色：

您的書寫到關於宮廟的型態，我贊同您的看法，只要遇到容易疑神疑鬼的人，或者明明是身體沒好好調養，卻把精神不好怪到鬼神身上的，我都建議他們看您的書。書中寫到靈動就要讓他動，靜坐就要讓他靜，這是正確無誤，可惜一般宮廟帶領信眾修持時，連靜坐也在動，如此反而失去禪定的意義。任何修持方法，都離不開一顆心，如果心夠寧靜，不管出世入世，都有很大益處——出世可了解空性，入世可做事明瞭，您書中的內容講述，都離不開「心」，但願您的讀者能領悟其中。

關於瑤池金母的有錢法[24]，我師尊有傳法過，要讓眾生修行，如不以欲勾之，再令佛智，實無人會想修行，當一個人修金母的「馬上有錢法」時，心中持金母咒，念頭做觀想，手結金母手印，如此心中便清靜了下來，修到最終才了解原來是在修天上的「無形錢」（天上福報），修持有錢法，仍要看個人福報，並非每個人修持就一定會相應。

但很多人都不解密教財神法的真義，認為修了法就會有錢，一個人今世要吃多少都已註定好，那要如何再多得資糧呢？就是修財神法，把下一世的資糧提來這世用，但是如果得了資糧卻不佈施，只想全部自己用，那下輩子只會更不好，如果懂佈施，那下輩子資糧會一直增加。關於蓮生活佛（指盧勝彥）為何人還在世就讓人禮拜他金身，其實這是在禮拜天上的蓮花童子，金身是象徵著天上的大白蓮花童子，而非蓮生活佛。一尊佛，法報化三身，天上界的蓮花童子，地上的蓮生活佛，都是蓮花童子，以

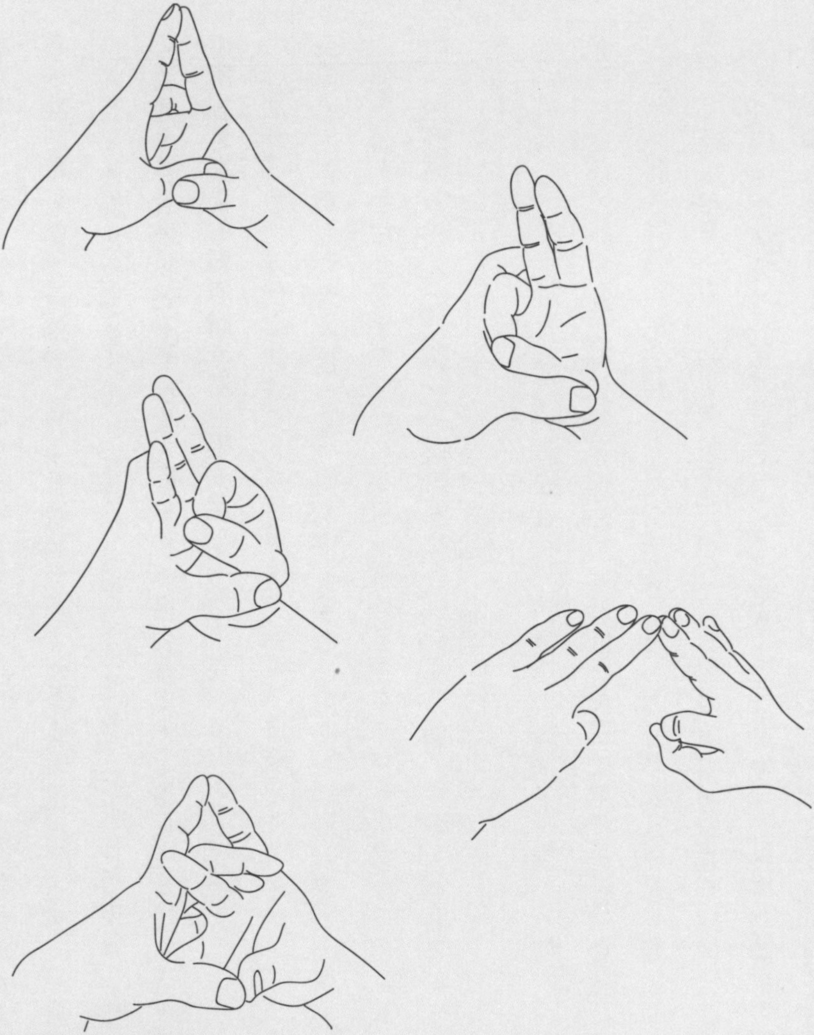

在靈修派中「手印」不同於一般人印象中道教、密宗的手印用途，道教中的手印是用來驅使鬼神、天地之神祕力量，以及搭配修練法使用，靈修派之手印是靈修人在煅身狀態時接引某一種氣場、頻率、仙佛能量等，元神與前者頻率相同時自然而然打出之拳法，其目的並不單單是「用途」。

前常以蓮生活佛本人的法像來做金身，現在蓮花童子形象已不再是用活佛本人法像，不變的是每尊金身都比著蓮花童子手印……蓮花童子什麼形象都有，不變的是蓮花童子的聖靈，不捨每個眾生是蓮花童子的願力。蓮生活佛的書籍實有參考價值，不妨參考瀏覽，若看過後認為無價值可言，則一笑置之，如有價值，則以您的修持來印證此書所言之真偽。願您讀者滿天下，祝日夜皆吉祥。

藉這封讀者的來信，我想要分享的是，除了攻讀碩士學位時大量閱讀學術文獻，平日我甚少去研究其他宗教領袖或通靈人的修行論點、鬼神事跡，及相關網頁或臉書，大部分的心力皆放在母娘所教導的靈修心法、靈動訓體、瑜伽修練，以及南傳佛教的書籍，對盧勝彥的了解也僅停留在閱讀學術研究的文獻上。

許多讀者常會問我，對某通靈人、大師的觀點有何看法？我常提醒他們別花太多時間鑽研通靈和神鬼類書籍，那對解脫人生苦難和內心的苦都沒有助益（諷刺的是，我自己的靈修書也是眾多觀點之一），應該要做的，是花更多時間去實修、了解自己的心才對。鬼神之事若少了宗教探究和理論支撐，便容易淪為一種亂象。

曾有新聞報導，臺北某宮壇主事者自稱是盤古的妹妹轉世，詐騙信徒兩億多元。自稱仙佛轉世的人，都宣稱他們的資料來源是「第一手」，外人既無從考證，仙佛也不會跳出來作證。我有無數個自稱通靈、仙佛轉世的個案，有趣的是，真正的仙佛轉世又何須來找我？臺灣通靈、仙佛轉世的人這麼多，卻幾乎都跳過「心理與身體的實修」階段——一夜之間就能通靈了！然而，沒有經過「宗教理論考究與經歷修行次第」的相互印證，他們通靈後的訊息最終淪為「他們怎麼說怎麼算」，將隨時間的流逝而被人們淡忘。

回到本章一開始的問題，「為何你們家母娘教導的觀念都與坊間不同？」如果你有仔細閱讀本章，你或許會發現，其真正的祕密來自於了解自己是誰，便奠定未來的基礎。

走靈修的初心是為了更認識自己，卻總有人幻想能因此一夜之間成為「天賦異稟」的奇人，如同一位讀者在我臉書上的留言：「很多脫離不了靈修的人大都是社會上沒有成就，卻又幻想自己很了不起的普通人，這類人往往討厭努力且懶得行動，整天幻想奇蹟會降落在自己身上，變成萬人迷或有錢人，成為人人愛載、奉承的對象……嘴上說的是服務大眾，心裡想著的是滿足私欲。」

靈修者想從神明身上獲得更深奧的神諭，請先回過頭來檢視，你抱持何種態度過人生、你認識自己的心嗎？承如前兩本關於「拜拜」的著作中所提，你願意拿出多少生命來交換信仰就決定了拜拜的靈驗度，套用在靈乩修練亦是如此，願意花多少時間實修、認識自己的心，就決定了神明的高度。

・2・

靈修從何來？

一切都從末法劫開始

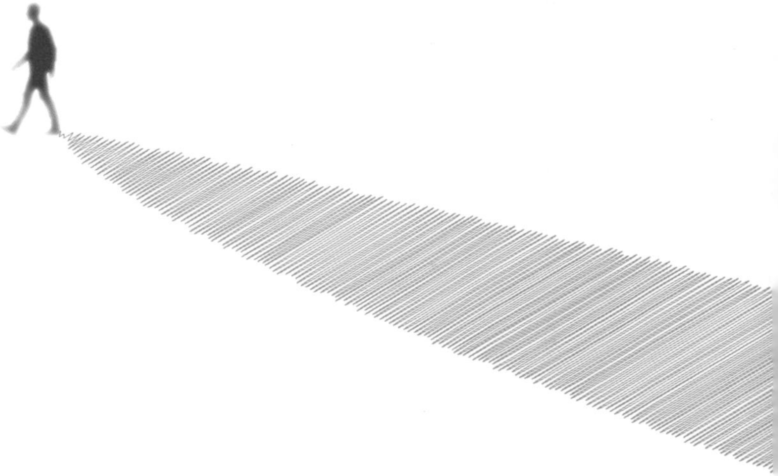

一宇色手札一

走靈修這麼多年，總是有一個問題不斷縈繞心中——「復古收圓」與「龍華盛會」對靈修人而言真的這麼重要嗎？這些傳說又從何而來？此時此刻真的是所謂的末法時期嗎？

捫心自問以上問題，我的回答是：我並不是那麼相信。至少走靈修這麼多年，我檢視自己的心，發現少了「復古收圓」與「龍華盛會」這些看不著又摸不到的論述，我的靈修路反而更加輕鬆而無負擔。

走靈修前，我會有「我的前世是誰？」「我今天該何去何從？」「死後又該去哪裡？」等疑問產生，如今回首，那些問題已不再困惑我了。

對現在不滿足的人，才會不斷地追憶過去；對今生不滿足的人，才會對過去生充滿好奇。

只有不斷地對當下負責的人，才懂得活在當下的重要，進而了悟今生的一切。

千百年來，民間信仰不僅深植在中國人的心中，甚至悄悄地融合了佛教教義與儀軌、道家陰陽學、道教神鬼與儒家濟世觀等三教傳統觀念。人們期盼從宗教中尋求規避生老病死的課題，更希望從民間信仰的儒、釋、道中找尋解脫生死問題的力量與精神支柱。

七十多年前，瑤池金母悄然降臨花蓮，靈修應運而生，在臺灣歷經多年的演變後，現今靈修派儼然已成為民間信仰不可切割的一部分。

瑤池金母於花蓮崛起的時代背景恰巧是戰後的臺灣，在當時，民間信仰已不再侷限於鄉間部落與地方小鎮，隨著信仰活動的擴大，以及人民剛從戰亂走至和平，心中自然需要安定內心的精神信仰，而瑤池金母治病、醫療、解惑等神蹟，恰恰吻合了當時時空背景下人們的內心所需。

本章將從不同層面探索民間信仰如何從最早期的原始信仰，歷經千百年的融合、演變，而成為現在的樣貌，以及其快速、廣泛流傳於民間的原因。同時，你也將會了解，瑤池金母信仰的真正起源，其實是在明末清初——祂的崛起，是宗教與政治有目的操作下的產物。

中國文化兩千多年的精神文明，在民間宗教精英分子的轉化下，隨著時代變遷而慢慢形成一套龐大的神學教理譜系[1]——在臺灣人民心中，民間信仰一直有其舉足輕重的地位。民間信仰就像是一位蒙著面紗的女郎，美得令人著迷，弔詭的是，吸引我們的並不是面紗下的真面目，而是那股摸不著、看不透，詭祕莫測的氣質。

趨生避死的人性

臺灣民間信仰「是一種普化宗教，與其他制度化的宗教不太一樣，沒有系統性的教義與組織，其信仰、儀式與活動擴散成為日常生活部分。……民間信仰是指民間社會化與世俗化的宗教，源起於古代原始信仰的泛靈崇拜，是一種非儒、非道、非佛的宗教，又與三教有著密不可分的關係，……民間信仰實際上是民眾的精神支柱與行動指南，表現出民眾對一定的宇宙觀、社會觀、人生觀等觀念體系的信奉與遵守。」[2]

我們可以進一步地把上述內容歸納成以下幾項重點：

❶民間信仰已經深深地融入臺灣百姓的生活中，舉凡逢年過節、生病、婚喪喜慶皆可見到它的蹤跡。

❷民間信仰是另一種「象徵性」宗教，與其他正統宗教相比，其教義、儀軌與多樣性更為豐富。嚴格來說，它無法稱為宗教，但在象徵意義上仍有宗教的內涵。

❸民間信仰起源於泛靈信仰與多靈崇拜，《西遊記》、《封神榜》、《山海經》、《聊齋志異》內的任何一尊神祇皆可能成為百姓的膜拜對象。

❹當生活感到混沌不安時，可從中找到心靈上得以慰藉的力量。

❺臺灣人自有一套對民間信仰中神鬼世界的詮釋，並從中獲得屬於自己的精神力量。

觀察臺灣人如何面對生、老、病、死等人生課題，便可看出上述幾點的蛛絲馬跡：基於望子成龍、望女成鳳的心態，孩子出生時，要擇日剖腹挑選好日子，期盼好的生辰能帶來好的未來；此外，亦有結婚多年無法受孕的夫妻，藉由膜拜送子觀音、註生娘娘而如願受孕。在民間信仰當中，更有所謂的「換花儀式」（白花為兒子，紅花為女兒），以求更換肚內胎兒的性別。

延續壽命，或多或少都是每個人的心願，這意味著人們渴望逃避人生的另一個課題——「死亡」，當死亡即將來臨時，人們常冀望透過信仰與神鬼的力量延壽避死。至於疾病這項課題，臺灣人認為生病是一種禍，能痊癒則是福，病之來去全憑命運[3]，所以有許多人會希望透過消災、祈福來化解「病」禍。

人們渴望透過民間信仰的力量趨生避死，突顯出世人對生命的執著，而從喧騰一時的「二〇一二世界末日」或是西方新時代認定的「靈性轉化年」也同樣能觀察到：對未知的恐懼，是如此的深埋在人們心中。

有趣的是，操控人心最有利的方式便是——先渲染恐懼，再灌輸觀念。這似乎是千百年來不變的真理。

歹戲拖棚的世界末日戲碼

在撰寫本書時，已經過了囂鬧一時的二〇一二年十二月二十二日了，當我們迎接十二月二十三日的第一道曙光之際，也宣告著此世界末日的鬧劇正式走入歷史。二〇一二年世界末日或是某某靈性轉換等說法，其核心都是建立在「恐懼無明、等待更好的未來」，這樣的心理期待其實與過度相信神鬼力量能助我們化解不順大同小異。

二〇一二末日預言襲捲全球，帶來不容小覷的周邊效應，相關書籍、電影熱銷，教導如何安渡二〇一二的課程更如雨後春筍般推出，甚至還出現了一座座躲避世界末日的營地（傳說法國西南部庇里牛斯山頭有外星人，在接近末日預言的前幾個月，許多人湧入山腳下的比加拉什村，希望能碰碰運氣，被外星人帶走，避免人類滅亡），以及地下避難艙（美國加州蒙特貝洛市的一名男子發明了豪華的地下避難艙並公開販售，隨著世界末日的逼近，銷售量從每月一個增加到每日一個）。雖然沒有正式的官方統計數據，顯示二〇一二末日預言（或靈性轉化年）產生了多少經濟效應，但在有心人士的炒作下，這波末日熱潮的確在全球經濟、新聞、宗教與靈性領域投下了一枚隱形核子彈。造成這波熱潮的主因，大致可歸納為兩點：

❶人類天生就對「未知」感到好奇與恐懼，而未知、恐懼與死亡三者之間相互關聯。

❷「未知」本身存在著神祕的吸引力。

科幻與奇幻小說家霍華德・菲利普・洛夫克拉夫特（Howard Phillips Lovecraft）曾說過，人類最古老的強烈情緒就是恐懼，而其中最為強烈的，便是對未知的恐懼。人類天生對未知有著極為強烈的恐懼心理，也因此，當某個流行話題、宗教事件跟未知有關，而又能從歷史、科學、神諭提出「看似合理」的解釋時，無論是如何怪誕不經，人們總是會相信其真實性。

在我們的成長過程中，會不斷接收各種資訊，其中不乏天災人禍、意外事故造成的死亡事件；此外，隨著年紀增長，我們勢必會開始經驗到與親友的「死別」。話雖如此，未與死神擦身而過的人往往覺得「死神」跟自己毫無關聯，鮮少會醒覺到死亡其實離自己很近，這當中的可能原因是，一旦人們以為自己與眾不同，便能迴避對於死亡的焦慮——從道教信仰裡就可以觀察到這樣的態度：

道教中各種神明是人們在生活遇到恐懼時，期盼得到安撫的化身。道教的生命觀非常獨特，它在面對生死問題時，是將重點放在「長生」與「不死」上，用以逃避對死亡的恐懼。因為追求生命的永恆與長存，所以道教不談死後世界[4]，此外，道教也不談前世今生與死後輪迴。

西方的精神分析觀點也能看見類似的觀察，歐文・亞隆就提到：「每個人從兒童到長大成人，都緊抓著自己很特別的非理性想法：極限、年老、死亡等，可以適用在別人身上，但不適用在我身上。人在內心深處相信自己是不會受傷、不會毀滅的。……對我們每個人來說，早期生活是強烈以自我為中心的時期，自己就是全世界，和別人或其他物體之間是沒有界限的。不需自己努力就能滿足每一個想法，思想就能導致行為。人充滿了唯我獨尊的特殊感，以這種現成的信念為盾牌來對抗死亡焦慮。」[5]

死亡一直被人們視為不可論及的禁地，因此，談論死亡，似乎也宣告它們從遙不可及之處走入我們的世界。話說回來，能了解到死亡其實如同影子般，從出生那一刻起便與我們相隨，倒也不是壞事，因為這能引導我們重新檢視生存的意義，「雖然肉體的死亡可以毀滅一個人，可是對死亡的觀念可以拯救他。」[6]

想要解除對死亡的恐懼，最好的方法便是正視它、了解它，當一個人真正的意識到死亡是此生無法避免的事時，對死亡的恐懼程度就會降低，存在感與生存意義也會油然而生。反之，當人企圖從神鬼世界、術法中尋找化解無常的方法，就容易陷入自我迷失與迷信而無法自拔。西方哲學家曾說過：「每個人都有錯，但只有愚者才執迷不悟。」

死亡本身存在著一種未知的時間感，人們無法正確掌握它降臨的時間，所以在看待死亡時會微妙的融合了恐懼與焦慮（或憂慮），前者是害怕尚未發生的事，後者則是害怕消失、喪失自己。人們在尚未能以正面態度看待死亡時就被宣告死亡即將到來，對死亡的恐懼和焦慮便會因此放大，「心」也容易被一些穿鑿附會的觀念所綁架。不論將「二〇一二」放在世界末日或靈性轉化的議題上，從心理層面來說，都是一種對「救贖生命與解脫靈性束縛」的希冀，而媒體操作與商業效應又加速、放大了人們對未知的焦慮，才會促使此議題發酵到一發不可收拾的地步。

靈修 Point

問問你的心

「二〇一二」的種種傳聞是否真實存在？當你讀到這裡，一定已經知道二〇一二年並不是世界末日了。對於二〇一二，祂們在二〇一一年是如此解釋道：「……世界許多宗教人士的發言，內容虛實摻半，全為虛容易被人看穿，全為實亦不太可能，畢竟大家都是人，對事情的看法本就融合了個人的主觀想法與過往的經歷——二〇一二，便是一群對此領域有深入研究的專業人士的看法，也是部分具特殊敏感體質者、通靈人、神職人員將此觀點放大的自我詮釋……」

那麼，該以何種心態看待「二〇一二」與世界末日之說呢？祂們只簡單的以「平常心」三個字回答，並同時傳遞了一個非常重要的訊息：

「……真正的仙佛絕不會散播令人們感到恐懼與不安的訊息，因為恐懼與不安會阻礙靈性的成長。與其專注於未來的『二〇一二』，你是否應審視今世所發生的種種，再回頭檢視當下的你，這對你而言才是有幫助的。不論是否有世界末日之說，都是存在於未來、尚未發生之事，而今日的你是過去行為、心念、習慣所造成，透過觀察過去反省當下，你的靈性才會有所成長。」

猶記當年跑了一檔現場直播的電視通告，主持人問我二〇一二年世界是否會有改變時，我便回答：「對人類不會有任何影響，就只是如同過往的一年罷了。」

末日之說喧擾於宗教與靈性世界時，走在靈修路上的你，有勇氣完全跳脫世俗觀點來看待這件事嗎？靈修（或任何修行）絕不能依附於某人的觀點，「要勇於看穿宗教與人性的另一面；從觀念被綁架那一刻起，就註定你的靈修路無法走得太遠了。」

佛陀在兩千五百年前也是這樣教導弟子的——真理是建構在經驗之上，不論它如何言之鑿鑿地呈現，少了印證與經驗之事，就不是真理。

舉例來說，坊間盛傳二〇一二年將是靈性轉化的一年，人類的靈性將在二〇一二年得到全面性的提升，對此，瑤池金母是如此說：「世界無時不在改變，世界不會只在某一年某一月某一日才改變，具有洞見之人，可以窺見每一時的改變，而不是期待某一年的巨大改變。」瑤池金母的意思是：「要學會觀察每一天的轉變，世間無時無刻都在改變，人的身心也每一時在改變，既然身心每一秒都在改變，世界又豈可能某一日才發生改變呢？」一個有智慧的人，他所在乎的是當下，而不是將希望寄託於未來，佛陀教導我們要活在當下，如此才是正念，靈修也是如此。

對死亡的恐懼，催化了末法劫

人們對未知的好奇與對死亡的恐懼，並不會因時空的轉換而削弱，對世界末日的探究心理自然也很難消失。當世界末日一直存於人心，而人類又自知渺小，無法扭轉地球毀滅、天災人禍時，自然會產生強烈的求生欲，冀望能遇到一位救世主、彌賽亞轉世。救世主不僅是某派宗教中神明降世的化身，同時也暗喻著「每個人都有機會藉由信仰而獲得心靈與肉體的救贖」，而在中國的民間信仰中，這個精神就體現在：將神話中的救世主與佛、道教義結合，這些救世主必須救渡眾生，才能重返天庭。

而在臺灣民間信仰和靈修中常被提及的復古收圓、末法劫、彌勒降世救世等「救世主說法」，有許多其實是政治人物或宗教人士刻意煽動下的預言。不要以為只有中國人才相信這些，這種預言性宗教論在西方世界也同樣常見；〈啟示錄〉是《新約聖經》中的最後一個預言，裡面記載了關於人類滅亡的種種預言，也提到未來會因天災（火災、地震、冰雹等）、人禍（戰爭等）而造成毀滅性的大災難，我們最常聽到的「最後審判」、「世界末日」等，便是從這部經典來的。

彌勒佛降生救世？

在中國傳統的佛教觀中，不乏救世主降生救世這類充滿濃厚神話色彩的故事，例如西晉竺法護於西元二六五至二七五年所譯的《佛說彌勒下生成佛經》（簡稱《彌勒下生經》）中，舍利弗與佛陀之間的對話。

宇色小辭典

末法劫與復古收圓

在瑤池金母信仰與靈修派中，常可聽聞「復古收圓」與「末法劫」等專有名詞，復古便是指心的樸素，收圓又可指圓滿之意，兩者合在一起指的是回復樸素的心，修習平等心與一顆圓滿心。末法劫是指龍華三會的最後一會，有著世界末日之意，也隱諭瑤池金母渡化眾人的最後一期。

舍利弗請釋迦牟尼佛開示：「世尊！經典中記載著：彌勒佛為接任您的下一任佛陀，弟子請世尊開示，想多了解有關彌勒佛功德、神力，以及那時國土的情形。」接著，舍利弗又問：「眾生有著什麼樣的因緣，才能得生在祂的國土見到彌勒本尊，例如：要如何佈施、守戒，以及需要何種智慧，才能見到彌勒？」

聽到舍利弗的詢問後，佛陀這樣回答他：「彌勒佛降世的世界，四大海水會大量減少，僅剩三千由旬（古印度長度單位，一由旬約十三至十六公里），那時候地球平地面積為長十千由旬，寬八千由旬。地面如鏡子般平坦，沒有任何高山峻嶺；佈滿了豔麗花朵和軟草，花果樹木極為豐盛……人民壽命個個都是八萬四千歲，沒有任何一個人中年逝世與早夭，每一個人充滿智慧……誕生在彌勒佛降世的國土眾生，唯有三項事覺得不方便，那就是仍需要大小便及吃飯飲水，且最終仍會衰老（飲食、如廁、衰老雖然是身體必然反應，但已可見彌勒佛降世時將是樂多於苦的世界）。此外，那世間的婦女約五百歲才會出嫁。」

或許，我們可以進一步將這段對話解讀成「預言彌勒佛降世於人間」的由來。人們之所以期待救世主的到來，不脫得生淨土、救贖，以及解脫紅塵俗世之苦等原因。至於「彌勒菩薩將是繼佛陀之後的未來佛」的說法，亦不脫「救世主大多出現於世界末日，應眾生願力而降生到人間普渡眾生」的思維模式。

這部經典出自印度，書中並未點出彌勒佛的降生處；此外，書中描繪的未來世界，有許多不可思議之處，和現世有一段十分遙遠的距離，如人的壽命長達八萬四千歲，女人至五百歲後才會出嫁。看到這段「預言」，你心中是否會暗暗竊笑，彌勒佛降世的國土可能不是人間，畢竟世間絕不會有任何國家有這樣的「天堂」，即便如此，仍有人對未來佛降世之說堅信不疑，這或許也是對現世不滿、恐懼未來的心理因素所造成的。

針對這部經典上所論述的世界，你可以從「歷史」的角度來考證它（真實性），亦可以「神話」的角度（寓言性）來進行反思。若是前者，你會將它當成「佛陀二千五百年前預言彌勒佛降世人間的未來實境」，在任何時間點皆可能被有心人士拿來對號入座，引申成各種「救世主」降世的宗教戲碼。然而，若是能將它當成「神話」來反省，你將會走向「靈性上的解脫」，這種向內不斷探究的力量會幫助你更加認識自己。神話大師曾經說：「神話是找出人類生活中精神潛能的線索。」並且進一步解釋道：「人類一直汲汲於追求外在價值，卻忘了本來便存在的內在價值，這種內在價值就是存在本身的喜悅，也就是生命的意義。」

事實上，在漫長的中國歷史中，這部充滿預言色彩的《彌勒下生經》不只一次被有心人士加入其他宗教的教義中，以說服與拉攏民眾。清代中期，劉之協宣揚白蓮教時，便宣稱教主劉松之子劉四兒是彌勒佛轉世，可以輔助牛八（指明朝王室後裔，「朱」字拆寫即成「牛八」）[7]打著輔助朱氏後代（政治）及彌勒佛轉世（宗教）之名，博得人民的信任。「在民間教派的末世觀中，這種能預定政治事件和個人禍福的天數觀念具有極為重要的意義。當彌勒即將降臨的信仰經過教首們的鼓動和吹噓得到加強以後，奉天承運的觀念就會變成現實的力量。」[8]不僅如此，西元六一二年時，「宋子賢自稱彌勒出世，……率其徒眾起事，因計畫洩漏，宋被捕殺。同年陝西又有和尚向海明自稱彌勒佛出世，發動起義，謀立新朝，自稱為帝，建年號為白鳥，當年即被鎮壓了。」[9]

再舉一個知名人物的故事，武則天為了鞏固朝廷地位與拉攏人心，也曾假借過未來佛——彌勒佛之名義。「六九五年唐皇后武則天自稱為彌勒佛化身，並以彌勒的名義統治周朝（六九〇～七〇五）。姑且不論圍繞這一事件的複雜政治背景和宮廷陰謀，只需指出武后及支持她的僧侶集團把一部含有偽造經典的《大云經》散發全國就夠了，在偽造的經典中，佛預言有一女神，品行卓越，將為天下之民而降生于世……」[10]然而，「自稱是彌勒佛轉世並非武則天一人，在民間信仰中一貫道十八祖傳人中，十三祖楊還虛以及十七祖路中一均自稱彌勒古佛的化身。」[11]

現今臺灣民間信仰、新興宗教、靈修領袖如雨後春筍般崛起，或許讓人感覺非常混亂，但翻開臺灣、中國宗教史，你便能恍然大悟，這些橋段在幾

宇色小辭典

自稱彌勒出世的宋子賢

宋子賢，隋朝唐縣人，是一名擅長操弄幻術的幻術家。他能變成佛形，並以此宣稱自己是彌勒佛出世，有不少人因此受到迷惑。他依此聚集了千百個民眾企圖做亂，舉兵襲擊隋煬帝，最後因計畫洩露而遭捕殺。

千年當中一直不斷在上演，只不過是相同的角色換人演演看罷了——雖然時空背景、觀眾不一樣，劇本倒沒怎麼變過。這些人自稱神仙轉世，某某活佛或仙子等等，追根究柢都是想借神明尊號取信人心。

雖然「仙佛降世」技倆如今看來有些粗糙，但在坊間的宮壇、道場裡依然層出不窮，我自二〇一一年出版《我在人間與靈界對話》，便常收到各方讀者來信：「神明會不會在現今投胎轉世？」「我常接觸的宮壇主事者說他是某某仙佛轉世，是真的嗎？」「某某大師自稱是某某菩薩（或活佛）降世，我該不該信？」類似的例子實在太常見了！

我不去猜測其中真偽，只想問讀者兩個問題：

某某仙佛轉世人間，為何一定要與某宮壇、宗教、堪輿有關係，不能只是一般的老百姓嗎？另外，佛陀累世累劫皆具足福佑與善因緣，仍須苦修六年，日食一麻一麥，以禪定為食才能了悟真理。在臺灣自稱仙佛轉世的人似乎都無須經過苦行便能頓悟一切，這合理嗎？我相信有人是仙人轉世，但我更相信，就算是仙人轉世，也需經過苦行才能粹鍊出內心的菩提與智慧，而不是自稱仙人轉世就能證悟真理。因此，想了解你口中的大師是否為仙佛轉世，先研究他的修行路數與生命歷程比較重要。

救世主降世的說法，不僅存在於民間信仰，在動盪不安的時代裡，亦會被政治上的有心人士操弄，其背後隱藏的並不單單只是政治問題，尚包含人們對現況和未來的不穩定所產生的不確定感，因而對救世主產生心理依戀，期盼祂們的降世能夠幫助百姓獲得解脫。

《彌勒下生經》是部兩千五百多年前、佛陀尚未滅度前所傳下的預言式經典，與政治的牽連不大，與中國的關係也沒有那麼密切——正因為經中未說明彌勒佛降生的時間及地點，才會引發後人諸多聯想與臆測，甚至拿來操作。

龍華三期無生老母普渡眾生

講到救世主，就不得不提這位靈修人必了解的無生老母（無極老母）。無生老母與一般我們所知的道教神祇最大的不同，在於祂的成仙並不是因為在人間的福報修為、個人修持。媽祖（林默娘）、八仙、李哪吒、觀世音菩薩等，均有投生人間的傳奇故事，而無生老母，據說是在陰陽兩氣及地球尚未出現之前，就已孕育而生了，可見祂的出現凌駕於世間萬物與眾仙佛菩薩。明末道教中流傳的經典《古佛天真證龍華寶經》，其中的〈混沌初分品第一〉，便記載了無生老母降世的內容：「初分混沌無一物，一炁周流現金丹，古佛出現安天地，無生老母立先天。」

這段話的前兩句敘說的是地球的誕生過程，與一般道家所提出的陰陽太極

宇色小辭典

《古佛天真證龍華寶經》

據聞此部經典是由明末圓頓教創始人弓長所撰寫，在清順治年間問世，目前僅知「弓長」是指創始人姓張，全名與省籍不詳。圓頓教是當時聞香教的一個分教。

論並無太大差別，道家經典《太上老君說常清靜經》（作者不詳，一說葛玄）中記載著：「大道無形，生育天地；大道無情，運行日月；大道無名，長養萬物。……降本流末，而生萬物。清者濁之源，動者靜之基。人能常清靜，天地悉皆歸。」其對陰陽之氣與宇宙之初的說法，隱約與《古佛天真證龍華寶經》在描述天地運轉、孕育萬物以及道家的陰陽觀類似，唯一的不同之處，在於《太上老君說常清靜經》全文皆未點出任何一尊仙佛菩薩降世，純就萬物生長的原始點結合養生之道。

我們或可猜想《古佛天真證龍華寶經》中無生老母形象的產生，有一部分是挪移了中國古代道家的陰陽學觀念，再加入道教的仙佛菩薩尊號：「……無生母產陰陽先天有孕，產先天懷聖胎變化無窮，生一陰生一陽嬰兒奼女，起乳名叫伏羲女媧真身，李伏羲張女媧人根老祖……」（〈古佛乾坤品第二〉，《古佛天真證龍華寶經》）

這段「東方創世紀」的神話故事，後兩句「古佛出現安天地，無生老母立先天」中無生老母的出現，不只將其地位立於萬佛之上，後來也逐漸演變成大家所熟知的「龍華三期與復古收圓」的由

字色小辭典

龍華三期法會

龍華三期法會是由「彌勒佛將降生於世，並三次說法（三大法會時期）」演變而來。「龍華」指彌勒菩薩將下生成佛於龍華樹下，並將轉動三次法輪（三次說法）：第一會是在彌勒未成佛前，此時他被稱為菩薩，眾人有幸聽聞菩薩（彌勒前身）初遇佛陀聽經聞法；第二會是眾人將因聽聞彌勒菩薩而得超凡解脫；第三會則是彌勒菩薩大轉法輪，渡化所有一切眾生之時。

就教義中有「龍華三期法會」等說法的教派來說，現今的我們仍處於「第三會」當中，並以此為由拉攏人們入教。

來：「無生母在家鄉重重囑咐，到東土想父母即早回程……，一個個盡迷在景界紅塵，捎家書上咐你東土兒女，來家罷龍華會早得相逢。」文中的「龍華」兩字便隱約透露著末世預言。

提到龍華，就不得不提：明朝時的彌勒教派大力宣揚佛教經典《彌勒下生經》，便是將其中關於彌勒菩薩降世渡眾的故事，與當時的教派、政治與民間信仰融合為一，「彌勒救世信仰在融入『末劫說』後，更加具有反對時政的叛逆色彩。到明代又融入了『無生老母』崇拜，形成『天盤三副』（指三期龍華法會）教義，成為明清時期祕密教門的信仰核心。」[12]彌勒教派將「三大法會時期」改稱為「三期龍華法會」，其實就是挪移大宗宗教的教義，將其穿鑿附會為本身的宣教理念，以拉攏純樸老百姓的最佳寫照——正好佛教與道教在華人世界中均屬大宗信仰的教派，心性純樸的百姓覺得有憑有據，也就更容易相信彌勒教派口中的龍華法會確實存在。

「三期龍華法會」並非彌勒教派的專屬，明末清初政局不安，有心想藉此拉攏人心的教派常將這類說法融入其中，像是三期末劫（三陽劫變）、末法劫等。在明朝到清朝期間，「民間宗教的教派，主要有白蓮教、羅教……。各個教派的教主們，在民間宗教的大舞臺上競相出場，扮演著救世主的角色。他們大肆宣揚『劫變』說，並用通俗易懂的語言，向下層民眾描繪出理想社會的美好圖景，在多災多難的下層民眾中，不斷激發起狂熱的信仰，並不時地掀起信徒暴動的驚濤駭浪，致使『劫變』的思想觀念在民間廣泛流傳。」[13]

想了解文化的形成及其背後所代表的意義，必須回顧歷史痕跡，宗教信仰的形成演變和對人們的意義，也可以從過往故事中找到一絲絲脈絡。那麼，《古佛天真考證龍華寶經》又是如何與無生老母巧妙地產生連結的呢？八卦教在這方面更有創造性，他們把「真空家鄉，無生老母」八字真言和三陽劫變說結合在一起，更容易打動人心。

其具體內容如下：

❶世界和人類的形成。……無生母，產陰陽，嬰兒姹女。取乳名，叫伏羲，女媧真身。伏羲與女媧又生出九十六億皇胎兒女。無生老母構築了富麗堂皇的天宮，……天宮裡，無生老母與皇胎兒女，上慈下孝，其樂融融。

❷人類流落塵世。皇胎兒女因犯罪被無生老母從天宮貶入凡間，一同經受生老病死的人生歷程，且不斷遭受各種劫難。

❸無生老母看到人類經受種種災難，於心不忍，於是在青陽、紅陽、白

宇色小辭典

八卦教

清朝的八卦教是頗富盛名且具一定影響力的民間宗教，它在坊間的影響力足足超過了兩百年，也與當時的白蓮教有密切的關係。八卦教是一支體系龐大、變化多端的教門，在其兩個多世紀的發展過程中，曾出現過許多教名：五葷道、收元教、清水教、八卦教、天理教……又由於與白蓮教有著密切的淵源，所以在某些史料中也被稱為白蓮教[14]。

陽三劫，分別派燃燈佛、釋迦佛、彌勒佛下世救渡人民。在青陽、紅陽兩劫中各救渡了兩億人。

《古佛天真考證龍華寶經》所言的青陽、紅陽與白陽期，其實就是龍華三期法會演變而來的，同時巧妙地將佛教經典中未載明的各時期救世主——青陽期燃燈佛、紅陽期釋迦佛、白陽期彌勒佛——天衣無縫地安插進來；又將龍華三期法會與佛教經典《彌勒下生經》三大說法時期做了更緊密的連結：「……人類遭受空前的災難，彌勒佛下世，救度『殘靈』九十二億回到天宮，與無生老母同慶龍華三會，在沒有貧富貴賤，沒有生死凡聖的『真空家鄉』、『相伴無生』、『永不下世』……上天派無極轉世（或稱彌勒臨凡）為張保太（大乘教創教者），駕法船救度眾生。」[15]佛教經典《彌勒下生經》是由釋迦牟尼佛所宣揚（有經典依據），並提及彌勒佛的預言（有救世主），再加上當時混亂政局帶來的不安感，《古佛天真考證龍華寶經》對百姓來說自然有更多的可信度和吸引力。

「龍華盛會」在政界有心人士的煽動下與民間信仰結合，無生老母於是乍然出現於宗教經典中，凌駕了當時所有宗教的救世主，不僅賦予了張保太彌勒菩薩轉世的身分，更在八卦教與白蓮教的推波助瀾下，一夕成為在末法劫救渡世間眾生離苦得樂的象徵。

靈修派及民間信仰中常聽聞的龍華三期，究其根本原來是明朝的彌勒教派挪用了漢傳佛教中《彌勒下生經》的義理，與無生老母結合，當成宣化教義的中心思想，之後，彌勒教歷經明、清兩代，逐漸滲透到民間信仰中再傳到臺灣，演變成民間信仰、靈修派及新興宗教中常拿來當成法會、宣教使用的「龍華盛會」。

末法劫瑤池金母收圓

清朝時期，在各式地方信仰與教派的宣說之下，無生老母開始在坊間有了龐大的信仰者，而道教神鬼信仰中，與無生老母同為非人間投生天界的神祇——瑤池金母，也跳脫了神話，進入了民間。

雖然不論是背景或出現的時間點，無生老母與瑤池金母都是截然不同的仙尊，但仍有許多人會將祂們兩者搞混：「在臺灣，無生老母（或稱明明上帝）的信仰是由一貫道而發揚開來，無生老母——民間俗稱『老母娘』，而慈惠堂瑤池金母一般契子女或信徒俗稱『母娘』，因為如此相近的稱謂，因而一般人大都以為兩者是同源的支派關係。」[16]

宇色小辭典

一貫道

一貫道是清朝盛行的一種民間信仰，至今在臺灣仍流傳於民間，據馬西沙與韓秉方所著的《中國民間宗教史》一書，一貫道源於清朝時期由大乘教傳入江西省，而後直接演變成一門信仰。蔡秀鳳的《臺灣慈惠堂瑤池金母信仰研究》[17]提到，一貫道淵源於清代黃德輝創立的先天道（後稱青蓮教），幾經嬗變後，在清光緒十二年（西元一八八六年）才出現「一貫道」這個名號，又經過數次教團崩解，民國十九年（一九三〇年）由山東濟寧人張奎生重新建立教團，此即我們今日所見的一貫道。

無生老母與瑤池金母之差異

	無生老母	瑤池金母
別稱	無極老母、無極天母、無極聖祖，簡稱老母。	王母娘娘、瑤池金母、西王母、西靈王母，簡稱母娘。
出處	由明代羅教始祖羅思孚所創立。其創造源頭則是結合民間信仰與中國神話，製造出一位至高神。	出自於古代第一部中國神仙文獻——《山海經》，西王母最早的形象為帶疾病與災禍到人間之妖母，幾經轉變後，成為中國神話的眾仙佛之靈母。
對靈修的影響	明、清兩代數百種民間信仰與祕密宗教所供奉之最高神祇，皆與無生老母有著密不可分的關係。經一貫道傳到臺灣又融入民間信仰中，已然成為靈修派膜拜的一位神祇，地位高於瑤池金母。	民國三十四年因花蓮乩身蘇烈東一次辦事時，瑤池金母初臨東土，降世渡化眾生化解瘟疫，由此展開臺灣靈修之路。

關於瑤池金母降世臨乩渡化眾生的淵源，在慈惠堂母娘信仰奉為經典的《瑤命皈盤》一書中有明確地記載：「老母宣曰：吾願已立，吾志已決，非吾親身下凡，難期收圓大任，毋勞聖慮就是[18]。此次龍華，卻與初二不同，本屆吾自親御指揮，收圓大任，萬教同宗，三界並渡……。」[19]

瑤池金母為乘「第三期龍華法會」而來，其任務是收圓渡化芸芸眾生，更使萬教歸一。由這一點看來，瑤池金母的降世背景似乎與《古佛天真考證龍華寶經》有著不謀而合的關係。

不論是《古佛天真考證龍華寶

經》應末法劫而來的無生老母，或是《瑤命皈盤》乘龍華法會的瑤池金母，背後都隱含著救贖及救世主的濃厚色彩。這股「東方末法劫說」與「彌賽亞救世論」能夠從明朝流傳至今，歷經幾百年不滅，可歸納出幾點原因：❶人們對死亡的恐懼、對未來不確定性的好奇，❷結合了從小熟悉的神話故事，再加上❸政治與有心人士的推波助瀾，一步步加快了神鬼觀在民間信仰崛起的速度。

內觀中心創辦人葛印卡老師曾說：「每一期生命是為下一次死亡所做的準備。有智慧的人將會盡量善用此生，並且為善終做好準備。」當一個人真正能夠透澈自己的心，了知生死是無常，又何懼於世界末日呢？對死亡的恐懼、對未知的好奇，都是潛藏在人們內心深處的「力量」，左右我們是要向前邁進，或是抱著畏懼生活──這一切端視我們的「心」如何看待這世界。同樣的，沒有任何人能幫你決定，修行的路上該尋覓或得到什麼，當然，你必須選擇一個真正能讓你快樂與自在的信仰，而這不僅僅侷限於宗教，一個觀念、一句話、一個理念，都能夠是你的信仰力量。

當世界面臨混亂，不安的心理狀態會壯大民間信仰的流傳力量與人們對它的信賴度，這也說明了為何明末清初的末法劫傳聞、無生老母復古收圓、瑤池金母龍華盛會等傳聞並未隨著時間流逝而淹沒在歷史洪流中，反倒在臺灣民間信仰、靈修等領域方興未艾地流傳開來。

畢竟，人們在遭逢人生無常──意外、疾病、人禍、天災和種種不順，遍尋醫學、科學等都無法得到改善時，轉而求助於宗教帶來的安定感，本就是很自然的一件事，只是這樣的人性很容易被有心人士拿來利用、操作。

因此，我必須提醒大家，神話、宗教、民間信仰與靈修的存在，是以一套跳脫世俗的觀點，來協助人們詮釋今世所遇到的問題，但你一定得好好重新思考：該以何種態度與觀點來檢視自己的宗教與靈修呢？

走靈修前先問問自己：「我想成為什麼樣的人？」

《彌勒下生經》預言彌勒佛降生救世、龍華三期無生老母普渡眾生的事跡，以及現今末法劫瑤池金母收圓等，很可能都是有心人士煽動之下的產物。許多人必然會在心中升起一絲絲疑惑：假使瑤池金母、無極老母或至高神的出現，都是當時政治、宗教有心人士的操作，那麼，我們又該抱持何種心態來看待祂們呢？

閱讀與修行

閱讀，是借助他人的思想，進而樹立自己的思想邏輯與方向；修行，是透過別人的生命經驗，調整與修正自己的觀念與方法。德國著名的哲學家——叔本華曾經指出：「閱讀好書的前提條件之一，就是不要讀壞書，因為生命是短暫的，時間和精力都極其有限。」他還這樣說過：「不加思考地濫讀或無休止地讀書，所讀過的東西無法刻骨銘心，其大部分終將消失殆盡。」

因此，請你好好思考：你所選擇的書籍，作者本身的經驗符合你的目標嗎？這樣的思考非常重要，我在讀一本書時，會先思考：作者的觀點從何而來？他的生命經驗、特質與身分又是什麼？我不會因為他說他是某某轉世而相信，亦不會因他種種不可思議的事跡而心生崇拜。

以修行的觀點來說，正信的老師和信仰，就像佛陀教導後人一樣，是要教導我們認識無常、苦、無我的道理，而不是一味將今生的不順推給前世、祖先靈、風水等等——聽再多今生問題皆出於前世的說法，也抵不過好好認識自己的心。

當我閱讀文章或書籍時，若發現它所論述的觀點皆與解脫苦、認識自己的心沒有關聯，便會以「存而不論」的態度來閱讀。「存而不論」指的是對某件事看就是看、聽就是聽、聞就是聞，不多做研究與討論。

舉例來說，坊間通靈類、神鬼類書籍眾多，當我了解書與作者本身不屬於靈乩與靈修範疇時，就不會花太多時間去鑽研與思考。對靈修人而言，這樣的態度是很重要的開端，例如有許多對靈修有興趣或走在靈修路上的讀者問我：

「念經是否會卡到陰？」

「燒金紙是否會招來鬼魅？」

「在家念經會不會不好？」

「有人說我的元神曾向神明允諾事情，可是卻沒做到，所以我身邊才會發生不好的事情，是真的嗎？」

「有人說亂拜拜、打坐，元神會跑掉，是真的嗎？」

面對諸如此類的問題，我都會很想提醒他們：你們分得清楚何謂靈修、何謂民間信仰嗎？有思考過說這些話的人是什麼身分與動機嗎？又或者是未加思索地囫圇吞棗呢？

有句話是這麼說的：「人們可能犯的最危險錯誤之一，是忘記自己想達成什麼。」你的努力應該是為了目標而前進，目標是你當下想成為什麼的最大動力，假使一開始的目標就偏差了，結果是什麼便可想而知。

將此觀念套用在靈修中也同樣適用，古希臘哲學家蘇格拉底曾說：「一個未經檢視的人生不值得生活。」

靈乩若在初期的養成中，便摻雜了無法透澈自心的訓練，最終只會讓他走上離目標更遙遠的路。不要忘了，靈修，是直達心最快速的方法，切勿被「通靈」的美景誘惑而忽略了最終的目的——認識自己的心，摒棄阻礙寧靜的無明。

我早期經常不定期開設「靈修・覺醒旅程」課程，教導對靈修有興趣的人更進一步認識靈修，近年來，我逐漸減班到一年只開一次，但每個月還是會收到讀者的來信，希望我能夠增開課程。我之所以決定減班，主要是因為許多人報名上課是想看我展露神蹟，他們希望我能幫助他們啟靈而有神通，關心的是如何在四天課程中變得跟我一樣，而不是聽我講呼吸法對修行的重要、靈修該如何修練專注而真正地與元神（心）合一……

心存樂園，處處是樂園

那麼，該如何避免修行之路走偏呢？除了思辨、思考並時時檢視自心與當下所走的路之外，沒有第二條法門了。想成為一名廚藝高深的廚師，你不會去閱讀健身類書籍；想成為一名舞蹈家，你也絕不會花太多時間在鑽研繪畫。如果你問我該如何選擇對自己有幫助的讀物？那我會先問你，**最終想成為什麼樣的人？你想吸收何種觀念？**

千百年前，流傳下來一段寓言故事：

一位苦覓仙境的靈性苦修者來到傳說中宛如世外桃源的仙境古城，站在高聳直衝天際的大門前，苦修者問守門人說：「守門者呀！我捨棄家人與朋友，放下了一切榮華富貴，歷經了千山萬水，就是為了一探眼前這座仙境古城，在我尚未進入之前，你是否能夠告訴我城內的景象啊！」

仙境古城內的每一位百姓都是有智慧之人，連守門人都散發著睿智之光，他沒有馬上回答苦修者的問題，而是反問他：「在回答你之前，你是否可以先告訴我，你所居之處又是怎樣的城鎮呢？」苦修者不假思索地答道，他所居之城很髒亂，水質汙濁，土壤無法種出香甜的蔬果，人人都有想從他人身上謀取利益的邪惡念頭，就連從政者也無一不貪……

守門人聽完後搖搖頭表示：「你要失望了！本城的情況與你所居住之城相比，有過之而無不及。」聽完守門人的回答，苦修者黯然的離去了。

過了不久，又有一個人來到仙境古城門前。與前一位苦修者不同，這位苦修者並不是因為厭倦所居之處而前來，他是一位遵循許多聖者修行古道的靈性探尋者，尋覓著內心的寧靜自我。他在叢山峻嶺迷了路，因為心中未存恐懼，依著水路而來到這裡。

充滿睿智之光的守門人在了解他的情況後，以相同的口吻問苦修者從何而來，苦修者如此回答：「我所住的城鎮充滿極樂，百姓和樂相處，水碧山青、風光旖旎，國王與官員們更無不是為百姓著想；早晨起床時，鄰居們會互送自製的食物，夜晚來臨時，無一住戶需鎖門閉戶。這就是我所居住的城鎮，若非迷了路，我根本捨不得離開那裡。」

守門人聽見這番話後，以喜悅的口吻告訴他：「你不用再擔心沒有食物與居住之處，城內的一切與你所居之城相比，有過之而無不及，我們歡迎你的到來，這裡的老百姓就如同你之前居住的城鎮一般友善。」

人世間，有許多事情無法改變，不論是否有末法劫、世界末日、彌勒菩薩降生救世，身為人，我們擁有極強大的自由意志來決定自己的心；若能夠如實觀照內心的實境，讓心保持一境之美，那麼外在的世界也會和我們的心境一樣。

• 3 •

靈修界的「后vs.帝」之爭

瑤池金母PK東王公

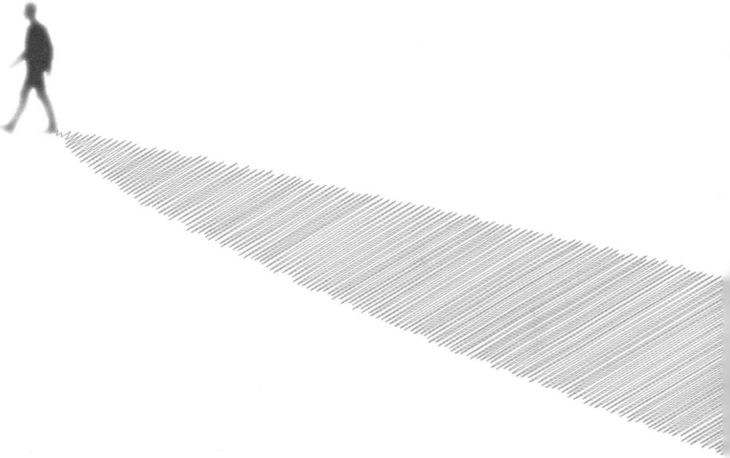

一宇色手札一

（此段手札為初啟靈近四年時所寫下）

開始正式踏入靈修前，我已在內心與宗教打了一場拉鋸戰。靈體被喚醒已多年，初期三年，內心無時無刻不在拔河：靈修為何物？為何要靈修？靈修後的下一步要怎麼走？那時，「元神」如同不穩定的惡性腫瘤般潛藏在體內，揮之不去。身邊沒有人能告訴我該如何修，就連人人口中至高無上的神尊也從未出現過。因此，我選擇讓自己沉靜下來，不再往外尋找答案，開始研究二十多年來未曾細心注意的玄學與宗教，也學習著內觀、審視自己的內心世界。

很多人羨慕我，覺得我是一位幸運兒，似乎少了敏感體質會面臨的問題，例如因外在磁場（外靈）影響導致肉體上的不適——然而，與其說我幸運，不如說是我夠鐵齒！

啟靈初期，我常在持咒、睡覺時突然感覺到自己陷入冰天雪地中，全身因寒冷而抽搐顫抖，無法控制的蜷曲起身體，口中喃喃唸著當時還聽不懂的靈語。那時，身體敏感到只要經過喪家，肩膀便刺痛得如同拉了幾百下單槓，也常常感到胸口有一團洶湧的氣正醞釀著想要衝出去……

表面上，我保持著正常人的生活，事實上卻無時無刻都在與內在抗衡。我常怨天怨地，懷疑自己前世或今生做了什麼，才在二十多歲、正該揮灑美好青春時，遭受這些無形的折磨。

一個人生病了，可以尋找醫生治療，我呢？當時，我並不是完全沒求助於宮壇，但也許緣分未到、機緣未至，往往耗費了時間和金錢，卻少有實質的幫助……

「神界，是人們對超自然的想像所創造出來的產物；諸神的誕生，乃因應人類各種需求而起，或作為精神觀念的象徵而存在。」[1]

臺灣靈修界擷取東木公（陽炁）與西王母（陰炁）的東方思想與神話故事，結合了道家陰陽學，發展出這套「東王公掌管人世間男子修行，西王母負責世間女子升天修練之事」的模式，進一步擴大詮釋成「凡升仙的，要先拜木公（即東王公）後拜金母」。不過，「在歷史演變之下，東王公的影響力漸小，而西王母卻演化為王母娘娘，成為僅次於玉皇大帝的神仙。二次大戰後在花蓮降世後，香火更是興旺，以西王母兩座最主要的宮廟——勝安宮與慈惠堂為例，分堂數目達一萬六、七千處，勢力十分龐大。」[1]

神話故事是臺灣民間信仰中不可或缺的元素之一，也因為有這個特色，臺灣民間信仰自成一套獨特的信仰模式。其中，靈修派將其精神放大，使得東木公、西王母成為臺灣人主要的信仰神，祂們的精神也因此進一步地影響著人們的思想與宗教觀。

從十多年的靈修路，以及後來在研究所攻讀靈修、靈乩、會靈山等過程中，我發現臺灣早期的靈修深受瑤池金母與東王公兩大信仰的影響，並擴展至全省各地宮廟，但在探究瑤池金母與東王公靈修系統前，得先了解靈修的種種修行方式。

常見的靈修修行模式

不論是瑤池金母或東王公體系，靈修大體不脫三種修行主軸：❶會靈跑靈山；❷寫天文呈疏文；❸煆身、訓體。

會靈、跑靈山

學界第一個提出會靈山現象的呂一中，整合眾多受訪者的回答並提出定義：「一部分受訪者認為我們身上都有自己的本靈，並且每一個靈都與一個或數個神佛有特別之緣分。『會靈山』的目的，就是藉由到不同的廟宇，去尋找這些與自己的靈有緣之神佛的靈；他們還相信，當一個人『會到』（感應到神明的能量或感知到有緣仙佛）有緣之神佛時，神佛就會使信徒說靈語、唱靈歌、靈動、打手印，並且以這個方式來開發靈體。」[2]

會靈山是臺灣民間信仰中新崛起的一種靈修修行方式，也是人們走入靈修至成為靈乩非常重要且不可或缺的過程。每一個靈修者都有資格與機會感知本身有緣的仙佛，從中進入密契經驗，開啟天人合一。關於會靈山的形式有以下幾項具體歸納：

「❶個人或個人之親友在生理或心理上發生了某種困難，而至私人宮廟尋求可能的治療或解決方案。

❷個人在修行過程中有機會接觸與『會靈山』有關的人員，而得以進入會靈的程序裡；由此第❶或第❷點之開啟，將引導信徒進入以下之步驟：

(a)請求赦因果：通常是至較大的天公廟，備供品並對神明念誦請求赦免的詞句，再擲爻（即擲筊）確定神明已同意。

(b)渡化因果：在天公廟神明赦罪後，須到觀音廟渡化因果，同樣是要念誦詞並取得擲爻同意，同時要燒化各種蓮花金以化解冤孽。

❸以上程序完成後，則要開始走靈山『會靈』：要先從『五母』開始。

宇色小辭典

會「五母」

靈修人的會靈地點，早期以五母為主，王母娘娘（花蓮勝安宮）、無極瑤池金母娘娘（花蓮慈惠總堂）、九天玄女母娘（苗栗仙山靈洞宮）、準提佛母菩薩（嘉義半天岩紫雲寺）、無極虛空地母（埔里地母廟）等處為主。後期跑靈山會靈的人逐漸增多，靈修不再如此單純，單單在幾處會靈山已無法滿足靈修人，因此，現今會五母靈山已不再侷限於這五處，坊間主祀五母的宮壇、宮廟都會成為靈修人會靈去處。

❹到這一步，個人已算走上修行的道路，而最主要的方法當然就是會靈，然細節與說法各有不同，一本手冊上所寫的是：『拜神感應、佈施濟世、道法渡世、感化眾生與渡化陰靈。』另一本手冊則稱此修行法為『無極天界之修行』，包括九點：(a)復古收圓；(b)無形寶；(c)功力；(d)復古歸元；(e)道脈歸元；(f)天脈歸元；(g)本靈轉體；(h)無極體歸元；(i)好事；(j)功德皆迴向本身冤親債主。

❺『會靈』的具體地點，是手冊中所列分布全臺灣各地的宗教聖地（超過兩百三十處）去……」

會靈跑靈山似乎有一個規範與可依循的模式，至於「靈山」，又可從兩部分解釋：

❶**有形之靈山山脈**：「『會靈山』可以說是靈乩藉由通靈來認識自己的『元靈』，找尋自己元靈的源頭——『靈脈』，並與之相接，之後便能得到個人靈性上的成長，使通靈的品質層次大大提升。」[3]針對「會靈」一詞，丁仁傑教授提出了更確切的說法：「『會靈山』大致是一九九〇年以後在臺灣興起的一股集體性起乩活動，其理論認為每一個人都有一個『本靈』（或稱『元靈』），它是先天不受汙染的，靈修的目的就是讓此本靈恢復本來面目達到解脫境界。這個本靈被認為是屬於某個或多個靈脈，例

如金母的靈脈、地母的靈脈，或九天玄女的靈脈等等。所謂靈脈，就是靈與靈之間的關聯性……修行的手段主要也就是去『會靈』，讓本靈與靈脈的源頭相連接，或者即使不是屬同一條靈脈，天界的各種神靈也仍有輔助個人靈性成長的功能。」4

❷無形之靈山：「『靈山』指涉某個地方，這個地方是巫人往來之處。聖乩黃阿寬認為，『靈山』不只是心性、本性的所在之處，也是我們心性、本性朝向外界溝通的通道或場域。這個通道就暗藏在人體裡頭的『靈山脈點』。藉由『靈山脈點』與外在溝通，人的元靈就可以隨著此通道與外在的神靈世界接通訊息，如同古代巫人可以在靈山自由穿梭神聖與世俗兩界。『靈山』在人體內的隱喻，同時是孔洞、一個脈點、也是一個處所。當我們元靈要與外界溝通時，『靈山』便會從『膻中穴』隨著『任脈』上升到鼻樑下的『水溝』或『眉心穴』，最後直達頭頂上的『百會穴』或『泥丸宮』，然後元靈將此（此處應指「以此」）溝通外界。」5

靈山的相關說法各有歧異，在靈修派的東王公系統代表者——黃阿寬的觀點裡，他推崇內省與靜心的修練方式，與儒家心性體認有部分類似，一切由體察心性、觀照身體開始進入修行。會靈山原本是以身體靈動與經文創作二者並行為主，但在黃阿寬提出自性靈山之後，此派逐漸捨棄了動態的靈動，轉往修練身體靜態的部分，走向神仙修鍊丹道的形式。6

因此我們可以了解到，靈乩前輩黃阿寬將靈山定義在「內在靈山」，勤修內心寧靜以及探究心，而不是勤跑靈山，一味地向外祈求仙佛保佑、赦因果、點靈認主、接旨令等等。跑靈山是靈修修行的一部分，隨其修行系統的不同、帶領者對靈修觀點的迥異，自然也產生了不同的修行模式。目前臺灣民間信仰中最大宗的靈修系統——一貫道、慈惠堂、鸞堂等，都左右著會靈山展現不同的特殊風貌：

「❶**一貫道**：一貫道對會靈山的影響，主要在宇宙觀的分類方式部分。

❷**慈惠堂**：慈惠堂的母娘救劫觀，主要脫胎於一貫道無生老母的救劫觀。

❸**鸞堂**：鸞堂對會靈山的影響，主要在扶鸞的部分。扶鸞也稱為『扶乩』。」[7]

而對於會靈跑靈山，我個人的看法則是這樣的：「傳統跑靈山的說法，其目的不外乎接無形旨、無形寶、開天文、增加元神與後天靈融合度等，或是聆聽仙佛教誨、藉靈山氣場協助啟靈，隨著時代及帶領者的觀念，從一開始的清靜修演變成目前一場接著一場的會靈大會、擺陣法……，不僅外人霧裡看花，連想進一步了解靈修的朋友也常感覺到無所適從。」[8]

我個人的靈修歷程完全沒經歷過「赦因果、會五母五老、點靈、認主……」這些過關斬將的闖關式修行。一味地將跑靈山當成集點遊戲是很難真正有所收穫的，修行是從性與命入手，性為心性、習氣，命為身體，性命雙修才能切入心法，才是修行之要領。

靈修絕不是跑靈山會靈、接主靈如此地淺顯，最主要的關鍵點來自於「覺醒拙火」進而「修練真元」。「真元」一詞是我在修練靈動時瑤池金母所慈示，它是密宗所言之明點、道教所稱的爐火或精，我暫且將它稱為「炁」，靈修便是在修練體內這一道真元。

修練真元的過程是：轉動煆身狀態後，確切感覺一團炁從體內逐漸凝聚於胸前，**這團炁便是真元**。藉由運轉吐納呼吸法，炁入中脈，然後從丹田內升起，雙手便能自如地將此真元運轉於前。

要修練真元至運轉自如，端視個人領悟與實修深淺，短則數月，長則十數年方能體悟其中奧義，待心性與真元合一，達到深、沉、靜的臻至境界，到各地仙山廟宇會靈之際，便能運轉與導引真元（炁），吸收天地宇宙間先天之氣，以此真元接引仙佛傳授功法。

真元在靈動時於體內一進一出便是陰陽，亦是靈修練炁的玄妙之處，靈修人以真元跳脫肉體生死、生命無常之束縛，才是靈修最終的奧義。這一層靈修奧義是玄之又玄的修練法，可嘆的是，了解其真義的人甚少。古人講：「練拳不練功，到老一場空。」套用在靈修上亦是如此，許多靈修人花費數十年會靈山、祭改、赦因果、接靈氣、會主靈……最終一無是處，主因便是不了解修練真元的訣竅。

寫天文

寫天文是一種自動書寫的能力，在靈修中所代表的意義多元，並富多樣功能。一般來說，天文是以常人無法閱讀的形式呈現，有時是類似隨興的蝌蚪文、線條等，有時稍具可辨識的符號、圖形等，就相關靈修文獻的研究與歸納，靈修人常書寫的天文大體粗分為五大類：❶自動書寫、❷靈文、❸天地文、❹氣場圖、❺繪圖。

❶自動書寫：「靈動在處於氣功態之下，心靈以氣的作用自動以手畫符或口說咒語。有些靈修者靈語講到最後就只念咒語，並且畫無形符籙同時又能以學過的語文書寫文章或詩詞，大致說來都是勸世文、修行心得較多。」[9]

❷靈文：「那些在宮廟靈動之後，所謂上表天庭疏文而寫的靈文就比較屬於『怪異文字』……在啟靈的氣功態下，會靈動、說靈語或念咒語，而所寫的靈文可能就是在與神靈溝通之用。如何寫出來？一樣不經過大腦意識，直接由本靈氣感狀態下寫出來。靈文的結構沒有一定形式，大部分線條扭曲向下或向上，有些修行人直覺的說，好像屬於蘇美人的楔形文字。」[10]

❸天地文：是「靈修者去除因果業力增加靈能的一個過程……。但也有受訪的靈修者認為，所謂的開『天地文』就是先赦靈修者的因果，才可以走靈修這條路，還看你可能

帶有什麼樣的天命或使命。首先由地文——由黑色筆寫靈文敘因果後，再寫天文——紅色筆寫靈文上報天庭，有的宮廟定期的寫一次，有的則不定期的寫，完全看當時的需要而定。」[11]

❹**氣場圖**：「『氣場圖』這個名稱，來自於林孝宗《氣功與心靈》二〇六頁描述蔡小姐除了會寫些奇特文字外，還會在氣功態中畫出各種線條和圖形，顯示某人身體（或某一地點）的氣場……。除了人體圖譜外，還能畫出宇宙圖譜、財運圖譜、家運圖譜、股市圖譜等，也可以預知運勢與外靈附身在身體的某一處。」[12]

❺**繪圖**：「假如『能量圖譜』能夠算是圖畫的話，那麼畫神像與山水畫應該更有靈界的信息。靈動、靈語、靈文與氣場圖，多少都會傳達某些信息，但繪畫裡面卻是凝聚作者的靈氣自然地揮灑出來……。所以靈修者採集了無意識的龐大信息庫裡的訊息，做為畫作的原型材料。」[13]

光從以上分類便可看出天文的多樣性，但若深入坊間宮壇，你對天文多半又會有不同的詮釋，我就聽過有人將天文分為天文和地文，前者呈予天界仙佛，後者渡化冤魂、陰靈等；有些宮廟認為天文是寫給仙佛閱讀，因此撰寫者無須理解其中內容，也有人表示，想讀懂天文必須累世帶天命或今世領有閱讀天文的旨令，方能一窺天文奧義。

我對這些說法抱持懷疑的態度。在我多年的靈修路上，每每談到天文，總被耳提面命：「書寫天文的當下要一心不亂、聚精會神、全神貫注，方能與元神合一，了悟筆下所書寫之內容」，並仿效古人「兩耳不聞窗外事，一心只讀聖賢書」的學習精神。然而，許多靈修人在書寫天文時卻漫不經心、嘻笑怒罵，更有人邊寫邊聊天，書寫完畢後立馬印下宮壇印和手印，便草草拿去金爐燒化……試想，如此敷衍了事的儀軌如何能修心養性？更談不上是在元神合一之下書寫了。

至今，大家對天文的定義仍未有共識，我個人的看法則是：「靈語與天文只是意念的傳達，它不是語言亦不是文字，所以每一個靈修人所看的角度亦不同……。有人從天文中看到影像，也有人看到純文字（閱讀天文時，眼中所見是中文字而非難以理解的線條、蝌蚪文），隨著不同人的解讀而有些許差異……所以學習如何看懂、聽懂自己所寫的天文與靈語，就是面對自己、挑戰自己心性的開始。」[14]我閱讀過無數靈修人所寫的天文，不論是蝌蚪文、圖畫式或夾雜詩句，只要轉換元神意識便能了知一二，這不是左一句「領旨」、右一句「帶天命」後所顯現的神蹟，而是真正下苦心靜坐、訓體、修練靈動功法後的成果。

靈文不乏一堆看不懂的文字，在閱讀、翻譯與見解上，每位靈修人、帶領者皆有各自表述的空間，也正因為如此，假使被有心人士刻意渲染，靈修人在修行路上便容易產生更大的疑惑與不解——在天文定義不明的情況下，素質不一、宗教涵養不夠的神職人員便有機會利

1

2

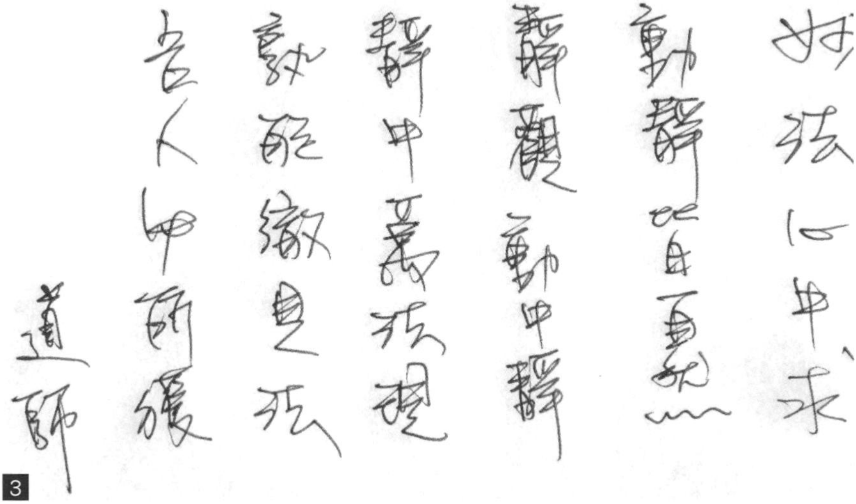

3

從天文書寫的內容，可以看出書寫者元神合一的融合度。

圖一為一般最常見的天文，絲毫沒有任何的規律性，字體隨興書寫，書寫者為初啟靈者，甚或是氣動態之下所寫，非元神意識。

圖二字形工整，雖仍不見其中文字體，但依稀可看出規律性，可推測當事者在書寫當下已收攝其心，靈魂略與元神合一。在一般情況下，此時書寫者已經略知所寫的天文內容為何。

圖三的書寫者調攝身心，一念不亂，靈魂與元神合一。此時書寫者便可將天文轉中文，並且知曉天文之意，亦能了解口中所述之靈語。

用人看不懂天文的弱點，假託神明旨意行私人之利益，這或許就是靈修亂象會層出不窮的原因之一。

至於靈修人書寫天文是否有特赦累世因果業障，以及超渡、祭改、渡化之功能，目前說法各異，但我個人倒從未被教導過開天文與特赦因果有關，走靈修至今也從未感受過冤親債主的干擾與阻礙，所以比較傾向於這樣的思維——無常天天都在發生，修行並不是為了避免無常，如果你要這樣想，只會讓心苦上加苦。

天文在我跑靈山會靈時所扮演的角色，是與仙佛會靈後記下會靈的過程，其意義偏向於解讀與記錄煆身、會靈的訊息；待天文書寫完畢後，靈修人必須自練、自修，以學習解讀天文內容，閱畢後再拿至金爐焚燒。除此之外，天文的內容初期大多是內在元神透過書寫天文抒發心情，或是提醒本身心性上須改進之處。那麼，該如何解讀天文呢？透過修練正念與靜坐的基礎，當心與念達到一致與平衡時，對天文便能一目了然。

在這邊提醒讀者，坊間許多人對天文有許多偏頗的傳聞，例如：

- 帶「解讀天文」天命之人才能看懂天文……
- 天文是寫給鬼神看，靈修人不用看懂……
- 天文不能在家寫，必須要在有神像的地方才能書寫……

• 天文必須要有老師審閱，一般人看不懂……

上述傳聞都是在缺乏修行的基礎下產生的，以我自己和教導學員的經驗來看，人人都能解讀天文，要領是培養一顆專注、寧靜且正念的心。你可以從當下培養寧靜心與正念基礎，也可以相信上述傳聞，將對錯通通推給鬼神，但請先想想，十年後，你的心又得到什麼？

靈修Point

天文寫得再優美，也救不了沉淪的心性

一位參加「靈修・覺醒旅程」課程的學員告訴我，她弟弟A君走靈修多年，所書寫的天文不僅工整，而且常有許多精美圖形、令、旨等藏於其中，許多老師、宮壇乩身都指示他應該出來辦事。A君本人則是搖擺不定、三心二意，口頭上抗拒為神祇辦事，但是當家庭、事業、財務不順時，卻又常將辦聖事拿來跟家中神明交換條件，說只要神明願意化解阻礙，便為祂辦事——只不過，這些承諾都只是說說而已。

初次看到A君書寫天文，天文在剎那間轉化成靈感，如電流般快速閃過我的腦海，這種情況甚少發生在我眼前，這表示他的元神甦醒已有一定程度。在我遇過的上千位靈修人當中，他是少數幾位「元神透過天文將事情交待得最完整且詳細」的人。

他的天文內容隱約透露出今世壽終之數、所染之不好習氣，甚至連罹患口腔癌一事也詳列其中——他的先天元神不斷地提點他一些重要的事。我提醒學員，其弟大約幾歲會有壽數大劫關卡，如不改掉吃檳榔的惡習，可能會有口腔癌之虞。她無奈表示，弟弟吃檳榔多年，應該改不了，此外，因他性情浮躁，不夠沉穩，在婚姻、生活、工作等各方面處事都不盡圓滿；這種情況就是所謂的「靈已經覺醒，但人的心卻混沌不明」，簡言之，就是元神與後天靈無法合一。

十多年來，我閱讀過不下千張的天文，大多只是不成熟的蝌蚪文，但那些寫蝌蚪文的人卻常常自滿地認為自己已通鬼神，卻沒想到「人外有人，天外有天」，渾然不知有許多人的天文甚至能將自己生命中的種種交待得清清楚楚，包括靈脈出處、轉世原因，以及未來會發生的事……

至於開宮辦聖事，多年來也因A君反覆無常，一直懸在空中而無下文，他常常將人生不順遂的主因指向未辦聖事，我卻不這麼認為。天底下絕對沒有不為神明辦事就活該一輩子不順遂的道理，一個人的天分再高，若打定主意不辦事，神明也拿我們沒輒。不論是否帶有辦事命，我們都應該守好做人的本分、重視健康與修習心性，若一個人常將神明不幫忙當成人生不平順的藉口，其內心世界必定充滿自卑、缺乏自信。

看到他的天文，我內心很感嘆：「天文寫得再好又如何？心性不成熟，人與元神無法修得合一，就算天文寫得再好、靈語能翻成白話，依然只是一個在生活中處事不圓滿的人。」正因為如此，我並不大力推崇靈修人跑靈修與會靈山，缺乏定的功夫與不寧靜的心，勤跑靈山最終也只是造成靈性上的空轉罷了。

過沒多久，A君便罹患重症，必須開刀，他一時之間很難接受這個事實，於是學員便帶他來找我，想看看是否有解？我向他細問病情，才得知醫院的診斷是口腔癌末期，併發淋巴腺癌末期——和天文的內容如出一轍！

結果，A君又說：「只要能夠康復，一定好好出來辦事，為人民服務。」

我一聽，忍不住語重心長地告訴他：「辦聖事？此時此刻最重要是好好把身體養好、把家庭顧好。靈修絕不是一味的為神明辦事，而是要更認識我們的心。你的問題並不在於不出來辦事，而是不好的惡習！如果連自己的習氣都無法克制，又要如何教導他人走上解脫苦的道路？想救人前，先想想如何救自己的心吧！」

我當場測試他的天文能力，他的元神依然能夠如實地寫出他重病後的種種；我又請他分別開出淨宅符、定心符等，他的元神皆能一一畫出，我跟他說：「你不覺得這是很可悲的一件事嗎？你的元神能力這麼好，你今世的心性卻如此沉淪，既不能當一個快樂的平凡人，又無法當一個自在的靈乩，不覺得痛苦嗎？」

他很無奈，這麼多年無法學習靈修法，沉溺在跳乩的方式、招團員四處進香，還沾染到不良的習氣。天命？天職？通靈能力？依然抵不過今世的心性啊！通靈、靈動、寫天文其實不難，一個月內便都能學會，難的是如何把心照顧好，而那並不是一、兩年就能夠修得圓滿的！過沒幾年，A君因病情惡化離開人世，壽終之數早已寫明在他當初的天文中。

奉勸所有的靈修人，不要過度沉溺於神鬼世界，切記靈修不離心，偏離了心，靈修便是妄想而不是修行了。一個正信的靈修老師與觀念，絕對是讓靈修、神明的精神緊緊扣住你的心，而不是讓你偏離自己的心，去追求不切實際的神鬼世界。

靈動

要探究靈動，就不得不從靈修大搖籃——花蓮慈惠堂說起。自民國三十八年瑤池金母於花蓮聖靈顯化後，靈修人透過靈動的密契經驗操練法，讓信仰瑤池金母的人們能夠憑藉一己之力通達神明意識，拉近了千百年來人神之間的距離。

至於一般人眼中「成為一名為神明辦事的靈媒」的靈動、訓體現象，早在多年以前，研究中國佛教、民間宗教、明清民間宗教經卷的歐大年教授便提到：「『靈媒大眾化』一詞可謂貼切又傳神，藉由通感母娘的密契經驗，人人皆可成為神意的接受者與傳達者，顛覆以往靈媒天命天定的神派說，創新信仰的價值觀。」[15] 諷刺的是，此話也預言了現今臺灣民間信仰與身心靈界的普遍現象——通靈門大開，人人都可以自稱通靈。

「靈媒大眾化」一說恰恰吻合了現今「透過靈修法門而培養了許多靈乩」的現象，不過，靈修中的煆身現象並不全然是為了成為靈乩而做準備，瑤池金母所傳的煆身法門，不僅大開仙佛世界的方便之門，同時也宣告了：仙佛的世界不再掌握在少數神職人員手上，每個有心人皆有機會擁有與神合一的密契經驗。至於煆身的作用，不僅是一把進入密契經驗的鑰匙，同時還是一套由自體啟發的獨特天然養生功法；法華山慈惠堂創建者羅臥雲先生所著的《瑤命皈盤》中，就提及靈動最初出現時的情況，以及瑤池金母對靈動現象的慈示：

「未幾該四個婦人，雙手合十，或上或下，或左或右，搖頭動體，雙眼緊閉，氣喘吁吁，面色或青或白，汗流如雨，忽又拍掌打腿，搥胸擦足，游氏看見不勝驚惶之至，正欲叫簡起來，簡已由夢中驚醒，急急起身，出堂一看，見四人情形皆異，不知是何意思，急上前向四人緊緊握著，大叫曰：你們為何如此，快快起來。一連亂搖亂叫了數次，不但不醒回來，因被搖動其身後，反由座中立起身來亂跳亂跑，竟把簡丁木夫婦二人嚇得魂不附體。……初坐一二個鐘頭時，並無有何動靜，後來漸覺精神困疲，頭垂心跳，手足麻痺，氣喘眼昏，理智漸次昏迷，全身的筋骨皆被控制著原有的自由，在手足麻痺之時，愈打愈舒服，愈跳愈輕鬆，……於今醒來感覺精神舒服，手足靈活，雖是一夜無眠，猶覺得爽快輕浮，大異平日的氣力沉累……不奈眾人強求，又只得扶乩，並求指示昨晚情形的原因未幾降下，詩曰：

其一：『噫噫長嘆又嚱哈，膽小凡兒實足嗟。試練外功健體法，驚天動地亂如麻。』

其二：『毋庸小事自煩神，訓練精功健體身。百病消除延福壽：先天妙法已傳人。』

眾人體會詩意後，方曉得是練身健體的工夫，並不是有何可怕之處。」[16]煆身現象初現於宮壇時，眾人顯得手足無措，若想弄清該現象，依舊只能求助於乩童；就在此時，瑤池金母慈降二詩，讓信徒莫慌、莫害怕。

不僅在母娘初降煆身法時如此，在早期較為單純的宮廟時期亦同，石壁慈惠堂的創始人之一蕭添妹師姑憶道：「當時到法華山訓身的信徒，都是白天農忙結束後，傍晚或晚上才到廟中，信徒們焚香祭拜後，就開始在母娘前面隨著個人靈感而舞動，跳得滿身大汗而不覺得累，反而覺得精神奕奕，身體的病痛都感覺好多了。」[17]此亦印證瑤池金母初降煆身法確實是為了強身健體，後人則因著迷於神鬼之術與通靈、不了解靈乩與乩童的差別，常將煆身錯認為乩童的起乩現象。

早期人們遇到無法解釋與處理的事時，唯一可尋求的管道就是透過乩童向仙佛詢問，慈惠堂系統起初也差不多，從小小的民間宮壇到瑤池金母賜名慈惠堂為止，皆是由乩童扶乩瑤池金母降臨開示，但有了煆身的修練方式後，就開始由瑤池金母直接教導後人了，「慈惠堂在開堂之初是沒有經典的，信眾因為母娘的靈驗紛紛到來，就實際慈惠堂宗教的活動重心來看，各分堂的運作主要以打坐、靈動、訓身、自發性靈療為主軸的方式，透過靈的轉來轉去，說天語、寫天文與神靈溝通，接受神佛的調教和各種魔考，契子女領旨各種辦代誌的法門，進行母娘收圓、救世的使命。」[18]由此可見，靈乩的養成是靠自身的修練。過程中，靈修者必須完全自發性地靠著自己的資質與實修，體悟其中的奧義，不假他人之手，在契機成熟之際，便能因密契經驗而蒙受仙佛的教導。

若將這樣的現象稱為靈動，較容易讓人誤以為與「靈」有關（例如：元神、本靈、靈魂、外靈等等），但從煆身二字來解讀，「煆」指的是體內火氣、熱氣，而煆身其實就是體內熱氣升起以致氣體運轉的自然現象，與乩童起乩完全不同。

瑤池金母傳下的靈動法門並非外人以為的「成為乩童前的訓乩」，靈動不等於訓乩，不是為了成為神明代言人而做的訓練，也不是一套「拜師學藝」並通過漫長、繁瑣的苦練才能學到的養生技藝，只要帶著一顆虔誠心皈依瑤池金母，每個人均能在因緣成熟之際得到神明的能量，自然開啟煆身法門。

「慈惠堂的起乩，也就是其所自謂的『訓身練體』，雖不見得是全新的創造，但是大力的推動了一種過去不常出現的特殊起乩方式。……它接近於傳統所謂的『文乩』（不操五寶、較為柔性的起乩現象），但又不盡相同，因為它已經被當做是可以施行在每一個人身上的一種富有計畫性與自覺性的修行方法。這種方法在慈惠堂的歷史發展過程中本是一個偶然事件，卻一發不可收拾，影響及於全臺。」[19]

煆身不等同於傳統乩童的起乩，用途是希望人們在皈依瑤池金母、智慧增長之餘，亦能強健身體，這是靈修人成為靈乩的必經之路，亦可視之為練功前的基本功。遙想當時，有著「臺灣後山」之稱的花蓮，人人看天吃飯，在醫療體系尚不完善的情況下，最重要的莫過於擁有健康的身體，瑤池金母傳下的煆身功法其實還頗符合當時的民情與環境。

至於起乩，不論是文乩或武乩，都是神明借乩身之體辦聖事時所展現的外在行為，和純以練體增加體魄為主的靈動，兩者背後存在著完全不同的意義。

宇色小辭典

文乩？武乩？

當仙佛菩薩附身於乩童時，依其形象的文與武來分文乩與武乩，可由兩點來進行判斷：

①**乩童被神明依附後所表現出來的形象**：一般來說，被王爺、關聖帝君、玄天上帝等神明依附，乩童表現的肢體動作會較粗獷、威武，即武乩；若依附的神明為觀世音菩薩、呂洞賓、濟公、瑤池金母等，乩童所展露的形象就會較文靜、斯文，即文乩。
②**乩童所拿的法器**：拿陽剛型的兵器——劍、刀等，或是操五寶者稱為武乩；手拿較為溫和的法器如拂塵、扇子、笛子等，稱為文乩。

王雯鈴的《臺灣童乩的成乩歷程——以三重童乩為主的初步考察》認為，文乩是指以通靈為主的童乩，不操五寶，透過見聞鬼神直接與神靈溝通來為人解決問題，這種童乩起乩的方式，多在一瞬間就進入神靈附體的狀態，如在與人聊天中即突然神靈附體。至於武乩，則必須操五寶，有較固定的起乩儀式，如焚香，稟告神明，（於長板凳）靜坐，以香爐薰吸來幫助淨化，然後進入神靈附體的狀態。

穿越時空的瑤池金母

瑤池金母可算是中國最古老的女性神祇，最早可追溯到殷商時期，距今約有三千五百年，當時祂是以「西母」一詞出現在巫師占卜會用到的獸骨與甲殼上。

隨著時代推演至明清時期，由於當時的政治、經濟混亂，地方暴動不斷，導致崇尚於靜心、安住與自修為主的漢傳佛教與中國傳統道教逐漸式微，融合佛教救世義理與道教神鬼觀的信仰因而大量崛起，逐漸成為充滿當地色彩與神鬼崇拜的民間信仰。在這樣的時空背景下，瑤池金母再度從塵封已久的遠古神話中被喚醒，在有心人士的推波助瀾下，從原本神話中的西王母身分，結合了道教及民間教派，成為另一尊地位比玉皇大帝更高的至高神——無生老母。

半人半獸變身中年慈婦

瑤池金母最初的形象並非現在為人所熟悉的慈藹中年婦女，而是半人半獸，其演變歷經了幾個階段：

「先秦至兩漢中的神話階段，從半人半獸演化為仙人形象[20]……東漢末年至宋代的道教階段——道教中的瑤池金母，此時的西王母因具備長生不老藥的功能，間接與道教追求修練不死形成連結，而被納入道教構造神人譜系其中，在諸多道經的增添下，成為位居三清、統御群仙的至上神……。[21]」

到了明代，受到羅教的影響，以瑤池金母形象為基礎，產生了另一尊全新的神祇，「明代羅教階段——明清祕密宗教中的無生老母……羅教（無為教）為明代羅清所創立。」[22]

至民國初年又經幾百年的演變，瑤池金母自民間信仰中產生了另一種全新宗教——鸞堂：「鸞堂大約在清末由大陸傳入臺灣，是一種以『扶鸞』為主要活動的宗教結社，在漢人的宗教生活中扮演著重要角色……扶鸞的別名相當多，在史料之中又被稱為扶鸞、揮鸞、扶箕、鸞術、請仙、卜紫姑、架乩、降乩與降筆等。臺灣光復後新的鸞堂紛紛建立，而其宗教本質已非原本的面目，增加不少其他教門的教義，或者自創出新的宗教形式，或者是民間教團的綜合結晶，造成儒宗神教的紛亂不已

宇色小辭典

《瑤命皈盤》

陳立斌《臺灣慈惠堂的鸞書研究》中便提及慈惠堂接受《玉露金盤》的神學理論，將「度殘靈九二」、「三期末劫」與「龍華會母」等思想吸收，他認為羅臥雲編撰的《瑤命皈盤》是《玉露金盤》神學的延續，只是將老母轉變為金母，重新詮釋母娘的救劫神話罷了。由此可知，《瑤命皈盤》除了記錄瑤池金母降世於花蓮的事跡，同時沿用了《玉露金盤》中清朝民間信仰對於瑤池金母的神學思想。

此外，陳立斌還分析了自民國五十年以來，臺灣全省十四間慈惠堂分堂所扶著的三十八部慈惠堂鸞書，從其產生年代與地域，探討慈惠堂「經懺類」、「分堂類」、「雜誌類」鸞書的各項特色。由此可知，全省慈惠堂各自發展了自己的瑤池金母鸞書，所以，與其說《瑤命皈盤》為慈惠堂的教義經典，不如說是花蓮慈惠堂總堂的經典教義比較合宜。

而漸失本色……以同為『瑤池金母』信仰的慈惠堂與無極聖教，和以『無極老母』信仰的一貫道影響最大。而從慈惠堂的經典教義《瑤命皈盤》與《慈惠堂史》中，都可以看出慈惠堂與鸞堂關係密切，尤其是慈惠堂經典的來源，更可以看出慈惠堂的教義大多建立於扶鸞而降，並在信眾的詮釋下形成一股極大的向心力。」[23]

經過了近千年，瑤池金母從遠古神話中的半人半獸演化為現今的形象，最後在臺灣花蓮落腳。祂在慈惠堂中的種種靈感故事，廣為臺灣人民所知。

「臺灣的『母娘』信仰之崛起，始於『美景若仙鄉』的花蓮吉安……慈惠堂的分堂大多會冠上慈惠堂某分堂之名，彼此的聯繫也較熱絡，相對勝安宮的開放性，其宮廟之間關係比較淡薄（從花蓮勝安宮分靈出去的宮壇彼此關係比較淡薄），但也有一些宗教英才不以慈惠堂分堂為名，自立新的堂號，形成獨立的系統，認為這是一場共同以母娘救劫的宗教運動。」[23]

自花蓮慈惠堂始，瑤池金母信仰的在地化就已漸漸出現輪

宇色小辭典

瑤池金母慈降花蓮

關於瑤池金母最早降世臨乩之處與起源，從《瑤命皈盤》一書中可見到詳細的說明，初期，瑤池金母命總察太司尋察東林（臺灣位於大陸東邊，因此稱之為東林），「數日後，察太司回奏東林一部，蓬萊島東，按照現地城隍眾神呈報的結果，此地雖係人種複雜的地方，可喜的民族風俗，俱皆樸素，善良誠實之人為多，善氣沖天，祥光遍地，……老母聞奏，點頭暗喜，心有所定，靜待良辰一到，便即顯化，感應世人，聖蹟真傳，由此而產生於福地。」蓬萊島東便是臺灣東部，之所以慈降於此是因為「善氣沖天，祥光遍地，此地足可為萬世基石」。

廟。在臺灣，瑤池金母與無極老母信仰其實並不僅僅存在於慈惠堂與靈修界而已，「臺灣早期的社會中，以羅教無生老母為信仰核心的民間教團，計有齋教、……儒宗神教（奉祀關聖帝君等恩主公的鸞堂）、一貫教……慈惠堂（分成王母娘娘、瑤池金母兩派）、天德聖教（分成天德教與天帝教兩派）、世界紅十字會、正宗書畫社、軒轅教等。『無生老母』這個名號也轉換成其他名號，如一貫道稱為『明明上帝』、『無極老母』，慈惠堂稱為『王母娘娘』、『瑤池金母』，儒宗神教稱為『至聖先天老母』、『無極瑤池老母』、『無極瑤池金母』、『天母至尊無極老母』、『無極混元瑤池金母』，天德聖教稱為『無生聖母』等，稱呼雖然各自不同，但其基本思想仍然大同小異。」[23]

瑤池金母在臺灣四處可見，每一個組織、每一個團體都自有一套詮釋的系統，既然如此，我們又應該以什麼樣的角度，來了解道教中的瑤池金母信仰呢？《道教生死學》是這樣說的：

「道教不是崇拜神仙，道教觀點中亦不認為神明在『人』之外，『神仙』一詞是神仙與人是合為一體的概念，神明是人生命的延續，是人參與宇宙造化所展現出來的極致形態。遠古神話中東王木公與西王母的形象，東王木公主人們的死、西王母主生，因此，西王母長生不老、養生等形象間接地與道教追求修練成仙的核心精神結合，從此西王母被道教納入其信仰膜拜的譜系中。」[24]

根據我個人的推測，文中的「東王木公主死，西王母主生」應是原著誤植，《被遺忘的東王公——從人類學角度的考察》一書說到：「就實現而論，東王公主生與西王母主死的概念，相較之下，較難滿足信眾的需求。」就陰陽的概念來看，陽為生陰為亡，因此東木公應是主生才對。而「神明是人生命的延續，是人參與宇宙造化所展現出來的極致形態」這句話，便是我不斷提醒每一位讀者和靈修人的重點，靈修並不是將心力外放在某一神尊與儀式上，而應逆轉將「修」內求於心，就如同我在《靈驗2・我在人間發現拜拜真正的力量》中提到的：

「不管是東方還是西方的神祇，每一尊正信的神明都是一種願力的表現，想要透過拜拜連結神明的願力，膜拜插完香後千萬不要急著走人，請站在神明面前，把心靜下來，感受祂們的力量——心無雜念的寧靜，是連結神明願力最大的來源。」

「西王母從道教瑤池金母身分走入民間信仰後，已隨著其主事者信仰中心以及當時文化、政治所需，巧妙地做了因應與變化，這讓瑤池金母原本形象更加地多元化。」[25]

當瑤池金母的民間信仰走入鸞堂階段，祂也從千百年前老祖先的神話故事走出，與老百姓有了更緊密的關係，而不再只是讓人們膜拜的精神信仰。鸞堂文化讓瑤池金母不再活在故事中，可與百姓毫無距離的面對面對話，不只信徒心中的苦難因而得以訴說，祂也可以透過種種儀式宣揚理念。

靈修Point 是金母、西王母，還是無極老母？

瑤池金母與無生老母（或稱無極老母）是否同為一人，目前仍未有明確的定案，有些人認為，「西王母與無生老母、瑤池金母經過『統攝』、『混淆』和『取代』的三個階段，開發出了一種新的信仰型態……一般而言，由於慈惠堂的教內經典或相關文獻中，對於西王母、金母、王母、西王金母、老母等神明稱呼常常交錯使用，且隨其稱呼可能也出現有不同的神職功能。」[26]三個稱號分別為不同階段及屬性的代表人物，西王母為統攝、無生老母為混淆，而瑤池金母則是取代。

基本上來說，在慈惠堂的母娘信仰當中，早期「多半認為西王母、瑤池金母與王母娘娘其實是同一神明而不同稱呼，如：王母娘娘又稱瑤池金母，或稱西王母、金母、金母元君、九靈太妙龜山金母；相傳王母娘娘住在瑤池，是以有瑤池聖母、瑤池金母等稱」[27]。雖有這些稱謂的交互使用現象，但可以肯定的一點是，並不把無生老母與上述名稱視為同一神明。

事實上，關於瑤池金母與無生老母這兩位女神，現今多半已有明確的區別。「王母娘娘原本是中國民間小說及戲曲中的神話人物，在戰前的各種寺廟中，並沒有以供奉母娘為主神的。但戰後卻結合了古神話中的西王母、道教瑤池金母與民間教派的無生老母等神話形象，進而成為民間一種新的靈感大神，而其信仰起源正是在花蓮吉安鄉，從乩童蘇烈東被母娘附身降乩開始。」[28]

和前面提到無生老母、瑤池金母混用的情況不同，在現今臺灣最大宗的母娘信仰——慈惠堂中，西王母與瑤池金母均被稱為母娘，而無生老母則被賦予了更高的地位，稱之為「老母娘」。

天時地利又人和

提到瑤池金母的信仰，就不得不探討瑤池金母在臺灣於短短七十年左右（自民國三十二年降乩慈宗於花蓮起算）迅速發展的原因。

「第一，臺灣原有的宗教信仰——臺灣的社會型態是一大型的信仰團體，……無固定組織沒有明顯經典，而其信仰與儀式已混合在其他制度與風俗習慣之中……。此民間信仰，在本質上非儒、非道、非佛，同時又與儒道佛三教有密不可分的關係，民眾自以為是佛教徒，民間廟堂則登記為道教。儒宗神教與慈惠堂即依附此生態環境，掌握鄉土百姓企求神媒來驅邪消災祈求安福的心理來佈教，且多登記為道教，未曾自命為新興宗教，即扣緊著民間信仰的生態環境。」[23]

早期，老百姓根本分不清楚佛、道、儒之間有何差別，但憑神桌上所供奉的木雕神像做區別，若供奉的是佛陀，便自稱是佛教；如果是媽祖，便自稱是道教……只是，若是佛、道皆有的神明如關聖帝君、觀世音菩薩，又該怎麼歸類呢？其實，一般人大都無法確切指出自己信佛或信道，這樣的現象至今依然如此。

「第二、急遽變遷的社會結構——政府遷臺以來，全國上下致力於經濟發展，工商業急速發達，社會空前繁榮，連帶社會結構也發生重大變遷。……於是瑤池金母信仰等民間教團，在基層社會裡，發揮其宗教整合功能，藉宗教信仰調合社群生活，利用宗教儀式控制維護體系和諧，借神靈旨意安頓徬徨心靈……。」[23]

當社會動盪不安之際，宗教、民間信仰與多靈信仰便應運而生，這是亂世時必定會出現的現象，嚴格說來，一尊仙佛、一派信仰、一位大師的出現，在天時、地利、人和的推動下必成氣候，瑤池金母信仰亦是站在適切的時機點才能廣為流傳。

「第三、傳統社會的人文意識——功利主義是民間思想的主流，源出於人類生存消災避禍的本能，民間教團的神媒活動，即是功利主義的彰顯。」[23]

功利主義是指一種創造幸福感、生活安定與富足的社會型態，一般信眾信仰某一宮壇、大師、乩身，其實也是希望能藉由信仰來換取神佑，達到消災避禍之功效，這就是一種功利主義的心理——當現實生活與內心的善產生了落差，人會藉由宗教、民間信仰來平衡內心缺少的「理想人生」。

「第四、佈道傳教的宗教英才——民間宗教的勃興教派的分化，主要原因是個人主義昌盛，教派的創始人自命為先知先覺或神靈轉世，……以神祕性來吸引信徒，進而廣為佈教，皆是英雄主義的崇拜，導向於神靈的信仰。另一方面也由於宗教英才輩出，脫離原來體系自立新支。……各教派的領導人皆是宗教英才，具有組織籌劃的能力、能順應時代的變遷，修改教義，吸引社會大眾皈依，以開荒佈教的熱忱拉廣教務，以祭典儀式的莊嚴宣教佈道，以天道真理的奧祕鼓勵修持，使教團日愈龐大穩固，並從事於社會服務，熱衷於社會關懷，推行饒益社會的慈善事業。」[28]

口語相傳是早期傳播民間信仰最主要的方式，隨著時代的進步，才開始透過文字的流傳與記載——民間教派最初以寶卷的形式來傳播教義，爾後有勸善書的扶著[29]。透過善書的扶著，便能將仙佛菩薩的精神傳給更多人知道。口語相傳、扶鸞著書、經書傳世等等，是民間廣傳信仰最核心的方式。

而在瑤池金母的信仰中心——慈惠堂與勝安宮中，也同樣如此。以勝安宮為例子來說，即有「經由扶鸞而著作的經懺，即《虛空會上王母養正真經》、《虛空無極天上王母娘娘消劫行化寶懺》、《虛空無極天上王母娘娘消劫救世寶懺》等。以此一經兩懺作為主要的科儀經典，強化王母消劫行化的慈悲宏願，就內容來說也是雜揉了傳統儒釋道的教化思想……。」[30]

晉升入道教

瑤池金母信仰崛起，除了符合當時的政治、民風、習俗之外，更重要的是，宗教領導人的特質、組織能力，以及有心人士的大力推動。

瑤池金母從神話故事進入道教信仰的版圖，一直到現今走入民間信仰，成為靈修派主要膜拜的神祇之一；此外，因慈惠堂被普羅大眾認定為道教信仰，靈修與慈惠堂又有著密不可分的關係，自然而然地，靈修派也被正式地視為道教信仰之一。然而，從教義、儀軌來看，本質屬民間信仰範疇的慈惠堂，是如何成為道教一脈的呢？

從歷史痕跡來看，「西元一九六二年國民黨政府考慮查禁一貫道，日本新興『舞蛹之教』教主過境臺灣，慈惠堂臺北分堂舉行盛大歡迎活動，引起社會大眾疑慮，就在政府快要將其定位為邪教時，道教第六十三代天師公開認定慈惠堂為道教瑤池派。……由於當時政治處於特殊時期，且民間信仰本身就有佛道的混合特質，再加上政府政策的催化作用，即使臺灣母娘信仰有其自身獨特的起源，依然在特殊環境的條件下接上道教的軌道，因此當時不論是母娘信仰或者其他民間教派都被分類成為道教會或佛教會的一分子，這樣的分類方式模糊了母娘信仰內涵的獨特性，也使得民間信仰中的混同現象更為明顯。」[31]

由此可見，靈修有著夾雜宗教性質與民間信仰的混同現象（指原本不同的信仰，卻以相同標準看待），而這本就是民間信仰的常態。現今的母娘信仰內容中，除了獨特的母娘起源與靈感修練法門之外，還融入了教派宗教中關於九六原靈、三期救劫、普渡收圓的教義，以及通俗佛教中常見的因果輪迴觀等等[31]。當靈修依附在慈惠堂體系，便可稱為道教，而當它脫離了慈惠堂，成為個人的修練方式時，或許就只是一般的民間信仰。不論如何，可以肯定的是，靈修的崛起，與慈惠堂母娘信仰有著密不可分的關係。

・沒有自己的經典？

在早期，民間信仰靠「乩」的靈感度散播神祇的精神，一間宮廟的興旺與衰微，全來自於乩的靈感度，藉由為信眾消災、解厄、捉鬼、化煞、收驚、解決生活疑難雜症，逐漸拉攏信徒、神祇與宮廟三者之間的關係。由此可知，「乩與神鬼」交感的靈驗，是早期民間信仰中最核心的精神。

然而，隨著信仰者的日漸增多，上述基本功能再也無法滿足信眾的心理期待，此時民間信仰必須轉向更高層次的知識教育層面，瑤池金母在花蓮的發祥地——慈惠堂與勝安宮亦遵循同樣的模式。

「早期母娘的顯靈是經由乩童、扶乩等靈媒而宣揚開來，吸引各地有靈

宇色小辭典

乩童？扶乩？

乩是指藉某物當成神靈溝通之工具，由此可知，乩童是以「身體」作為搭起靈與人之間的工具，而扶乩則是藉由各種物品當成與神明交感的工具，例如筆、橋、Y形木頭、桌子等等。

感或神啟的民眾前來朝拜，或請分靈回鄉祭拜，將母娘的靈感經驗傳播開來。扶乩的降神巫術對王母信仰的傳播助益更大，從語言提升到文字的交感層次，有助於宗教形式的累積與擴充。」[30]

「由民間發起的慈惠堂相當地『軟』，除了母娘靈感之外，它沒有任何的教義與經典，所以必須大量吸收既有鸞堂經典的神學理論來強化自己，它首先將明清鸞堂著作《玉露金盤》吸收，再將臺北餘慶堂扶著的《無極瑤池十六部金丹・第七部》經文——《瑤池老母普渡收圓定慧解脫真經》吸收，成為所有慈惠堂的共同經典。」[31]

除了最早期記載了瑤池金母降世臺灣東部的《玉露金盤》之外，由瑤池金母與慈航大士之間的對話組成，勸世人早早領悟世間為苦海、修練內心回歸仙榜的《瑤池老母普渡收圓定慧解脫真經》（以下簡稱《定慧解脫真經》）也是花蓮慈惠堂教化弟子、信眾主要的經典之一，內容以勸善人心、修練內心回歸仙榜為主要訴求。

這是一個非常有趣的現象，花蓮慈惠堂是瑤池金母初降人世的原始發源地，多年的扶乩降文過程中，竟沒發展出屬於自己的經典，反倒吸收了臺北餘慶堂（以扶鸞為主要溝通方式）透過扶鸞寫成的《定慧解脫真經》，成為花蓮慈惠總堂對外宣說經文的主要經典。

「慈惠堂的神學核心，仍是繼承民間宗教結社所保留下來，『三期末劫』、『度九二殘靈』、『龍華三會』的神學思惟，最先它發跡於蘇烈東的神祕經驗，但蘇烈東卻沒有成為教主，只是代母傳言的一位靈媒，直到簡丁木等人設立了慈惠堂，才逐漸確立慈惠堂的草創雛形，最後又經過林國雄道教化的轉型，成為我們目前所認識的慈惠堂。它一方面重視母娘仙佛救世的靈感，講『三期末劫』、『度九二殘靈』，卻又有道教丹鼎的修練理論。慈惠堂被特別作為啟靈的靈修道場，成為第一個開發信眾『靈動』的信仰團體，可以說是介於民間與正統之間的複合型宗教。」[32]

「花蓮王母信仰在發展的過程，從乩童到扶乩的轉變，必然會與民間原有的宗教傳統有著相當程度的交涉與混合，吸收了瑤池金母、無生老母等神話的形式與內涵，比如創設花蓮法華山慈惠堂的羅臥雲根據光緒年間扶鸞著作的《玉露金盤》改編為《瑤命皈盤》，號稱於一九六一年蒙母娘授命編著《瑤池金母救世聖蹟之真傳史》。」[30]

乩童、扶乩等宣說教化方式並不足以廣大組織，於是吸收、挪移其他相似的教義來支撐本身的信仰文化——這種現象並不只出現在慈惠堂的母娘信仰，在許多新興宗教中亦可以看到類似痕跡，例如某宗教人士、大師為取信信徒，以看似巧妙實則粗糙的手法挪移漢傳佛教、密宗某些較初淺的義理與觀點（如因果業力論、放生功德說、供養功德、灌頂得神助等等），再融入本身的觀點與濟世觀……使用的手段與明、清時八卦教、彌勒教常用的手法可說是如出一轍。

從慈惠堂的發展過程，我們再進一步試擬出兩個值得大家深思的地方：

❶慈惠堂早期拉攏信眾的手法單純以辦聖事為主，然而，這樣的方式並不足以建立起核心的信仰力，畢竟在缺乏文字教化與共同中心思想的情況之下，信徒無法從中得到精神寄託與依靠。

❷在早期花蓮慈惠堂總堂瑤池金母的教化中，並無所謂的「三期末劫」、「度九二殘靈」思想，因後期加入了其他鸞堂降文的經典後，花蓮慈惠堂總堂才開始有了復古收圓、三期末劫等思想教育。

所以說，最早期的瑤池金母聖靈降世時，很可能與一般宮廟、道場相同，辦聖事內容也純以濟世渡俗為主；後期為拉攏信眾並達到教化人心的功能，因而不得不發展出一套民間信仰中常見的組織化、系統化，吸收類似經典，並融入大家所熟悉的釋、道、儒等教義。

・《瑤池老母普渡收圓定慧解脫真經》融合佛道精髓教義

《瑤池老母普渡收圓定慧解脫真經》是《無極瑤池老母十六部金丹》（以下簡稱《十六部金丹》）的第七部。《十六部金丹》共有十六部，每部有十六篇鸞詩，每一部經文都在描述內丹的修練方法[33]，因此，《定慧解脫真經》僅是瑤池金母降文教導後人內丹修練的一小部分而已。

據王見川考證《定慧解脫真經》，這本經典是杜爾瞻等人於一九五〇年在臺北餘慶堂扶乩造著[24]，當中還有一段有趣的小插曲：

「……拜訪花蓮聖地慈惠堂訪問黃明毅先生（聖地慈惠堂總幹事），黃先生表示，據說該經是第一代堂主等人，經金母降乩指示西行至萬華地區取得的，早期也曾針對該經進行來源考證的工作，但沒有得到任何結果。因此，總堂對於經典出處並不清楚，卻也對於該經內容相當的傳統保守，於經文背後附註：『請遵照母娘原著，經文請勿增減刪改。』目前總堂僅提供兩本影印刊物供人索取，一為《無極瑤池金母普渡收圓定慧解脫真經》，一為《花蓮聖地慈惠堂簡介》。」[24]由此可知，《定慧解脫真經》的出處或許可說是臺北餘慶堂扶乩造著，但其扶乩過程卻無從考證。

我在研究這本經典時發現，它融合了佛經中常見的話語：「爾時。金母慈顏大悅。對慈航大士言。爾以大慈心。顯化東土。今以解脫相請。爾其靜聽。吾為宣說普渡收圓定慧解脫真經。」[35]漢傳佛教經典中，便常有某仙佛向佛陀請益，佛陀便藉此宣說某一故事來教化人心。此外，《定慧解脫真經》最後還出現了佛陀與瑤池金母之間的對話：「釋迦牟尼古佛天尊頌曰。老母真言不忍祕。句句都是波羅蜜。解脫定慧大功夫。留與眾生作舟楫。」[35]

《定慧解脫真經》巧妙挪用佛教經典中宣化教義的對話形式，以及借用釋迦牟尼的名號於經典中，其中的用意有三：❶強化本身的教義；❷藉佛陀名號提高此經典之價值；❸挪移佛教成為道教一部分，達到佛道合一。這正突顯民間信仰最大的特色——「儒、釋、道教並存，是臺灣民間信仰普遍的現象，三教之核心更是臺灣民間宗教之主要價值，同時成為民間信仰的重要特色之一。」[36]

靈修派與其他宗教、民間信仰最大的區別與特色，來自於會靈、跑靈山、煆身與靈動等現象，也因這些特殊文化，讓外界更感其神祕。

然而，靈修派中這些身心修練的祕法，在《瑤池老母普渡收圓定慧解脫真經》中其實並無提及，僅在最早期《玉露金盤》記載瑤池金母降世過程中略微提及靈動，但其他瑤池金母經典如《瑤池金母洪慈普渡救劫經》、《瑤池金母普渡救世六提明心真經》中，就有較多瑤池金母降乩時慈示如何從身切入心法，從心修練色身的修行描述了。

從瑤池金母的各部經典當中，我們不難發現，慈惠堂的母娘信仰也符合了民間信仰中新興宗教「合緣共振」的特質。因

宇色小辭典

合緣共振

「合緣共振」是指新興宗教在特殊的文化教養與宗教經驗中，依其緣分的接觸進行相互的合流，將各自龐大與複雜的信仰體系，在真實宗教體驗中產生共振的信仰磁波，建構該教特有的信仰形式與宗教體系，「合流共生」是無意識的重疊現象，「合緣共振」則是有意識的文化創造[37]。

至於「在真實的宗教體驗中產生共振的信仰磁波」，指不管是什麼信仰，信徒皆會將本身的宗教經驗結合其他的信仰義理，自然而然地建構起屬於自己的一套信仰磁波，例如民間信仰中融合了道教的鬼神、佛教的化解業力說和儒教的敬拜祖先等觀念——說穿了就是「喜歡就拿來用」。

此，「慈惠堂將民間神學予以合流，創造出《瑤命皈盤》的神學思維，然而民間許多教派也接受了《瑤命皈盤》的神學。」[38]

被遺忘的東王公

目前臺灣的靈修修行，是以慈惠堂母娘脈為主流，此淵源大多出自於《瑤命皈盤》降世臨乩，而另外一個較少被信徒所提及的脈源，則是「東王公」（又稱東王、木公、東方木公或東木公）。

東王公被視為因西王母信仰連帶被引出來的神祇，所以一般都認為因為有西王母，而後有東王公[39]，「臺灣民間信仰擷取道教思想，視東王公、西王母為大地精醇之氣而化生的第一形象，兩者各為太陽神與太陰神，分別掌管人間男子或女子升天得道者，或者結合赤精、水精、黃老而為『元始生五老』的觀念。」[40]

最初是「兩頭大」

東王公信仰最早可追溯到漢代或更早的春秋戰國時期，初期的東王公信仰與瑤池金母並無太大關聯，東王公也不是因為瑤池金母信仰崛起後才經人們聯想而起的。或許是因為後期的人們在信仰上受到道家思想、陰陽學說的影響，才逐漸將原本沒有關係的兩位神祇連結在一起，最終成為了分別代表一陽一陰的東王公與西王母：

「由於日、月皆出於東入於西，日月也代表陰陽，而日為陽精，東方為日出之地，於是逐漸以『東王公』之稱呼來取代『東君』，以與代表西方日月入處的神祇西王母相對為文。」[41]

東王公與瑤池金母的陽陰兩氣之象徵，進展到漢初神話故事中的童謠「著青裙，入天門，揖金母，拜木公」，便將人的修練成仙與兩位神祇做了緊密結合。到了後期靈乩崛起時，瑤池金母的龍華收圓說成了靈修人的信仰中心，而東王公所幻化的三童（三童子的簡稱）、三佛等象徵，則代表靈修修練法門的要領及精神力量來源。

早在古代，道教修道的觀念中就已經將神祇信仰與養生成仙之術做了連結，甚至希望透過求神拜佛以進入成仙的殿堂，這樣的觀念延續至今，又與靈修產生了連結。

民間信仰的兩大媒介是口耳相轉的神話，以及文字流傳的善書[43]：一代代透過口耳相傳的神話，加深了人們對神祇的信仰力，強化神明對人

宇色小辭典

三童子

三童子是辨識東王公靈乩系統的重要象徵。「三童」所化現的另一種造型為：「三佛」，指的是「無上佛」、「無上元」、「無上真」，合稱「自性三聖」——同時是靈山自性的象徵。這是黃阿寬對傳統木公神學體系的推進，由木公一炁返老化三童，三童顯化三佛，為佛子的象徵，是「佛性＝自性＝本性」的源頭，此源頭在靈山，是內在靈山的轉化，同時也是靈山自性的象徵[42]。

間的影響力量，再加上文字記載神明渡化人心、勸人向善的故事，在在於無形中模糊了人與神、天與地之間的關係。

兩位神尊在古代皆是重大信仰之一，然而，傳統上男尊女卑的中國文化中，理應延續「男性」為大的信仰，為何今日在臺灣甚少看到東王公的事跡，反倒是西王母（瑤池金母）得以崛起？

這背後的因素共可分為五點：

「靈驗感（西王母醫治病痛或信徒起乩感應西王母）、符合社會需求的教義（倫理道德之復振）、教團組織在地化（因而產生分靈、分堂，於各地佈教，並固定舉行謁祖進香活動）、宗教菁英積極參與，以及社會結構變遷（解決從農業轉型至工業社會所產生的不適應）。」[43]

神尊是否能夠被人民廣泛地膜拜、信仰，絕大部分都與當下的時代潮流有關，瑤池金母的崛起適逢臺灣經濟起飛之際，彼時，不論是科技、醫療、衛生、教育等等，都面臨了重大的轉變。東王公主生，西王母主死，人既已經出生在今世，在心理上自然會抗拒死的到來，加上當時的醫療水準進步空間還很大，而瑤池金母降世花蓮時的治病神蹟與故事，正好增加且拓展了祂在人民心目中的重要性，致使其地位從原本居於東王公之下，開始翻身終至取代了東王公。

東木公代表人物——黃阿寬

東王公在靈修的過往歷史中，甚少出現像瑤池金母臨乩降世的靈感記載，但在靈修界前輩、淡水天元宮創始人之一的黃阿寬身上隱約可以找到一點線索（請參閱〈如入靈山不為動〉以及《靈山仙境：論淡水無極天元宮的空間神學》）。

從一貫道改走靈修的黃阿寬可謂早期靈乩的開山祖師，他是靈修界「三霞二黃」之一方美霞（已歿）的弟子。當時，方美霞所籌建的靈乩廟宇——無極紫天宮，是許多靈修人成為靈乩的重要修練之處，供奉的主神並非一般人所熟悉的瑤池金母，而是東王公，黃阿寬初期學習靈修的時候，也因此浸淫於東王公的教化當中。

黃阿寬後期所創建的淡水無極天元宮與石碇無極天明宮，都供奉著東王公之神像。雖然現今淡水天元宮已成為一般民眾春季賞櫻的勝地，然而對許多靈修人而言，天元宮是他們心目中必去的會靈朝聖之地，裡頭供奉著東王公分化而出的三童，以及由三童幻化而成的三佛等神像。

不同於瑤池金母的宣揚未因乩身蘇烈東往生而中斷，東王公在靈修人心中的地位，隨著方美霞逝世，以及後來黃阿寬以無極老祖代替木公，木公傳承的體系遂隱沒在淡水無極天元宮與石碇無極天明宮的神學教義裡頭[14]。

宇色小辭典

三霞二黃

三霞二黃分別是方美霞、陳玉霞、許秋霞（三位靈乩老前輩均已歿），二黃則是黃紫微、黃阿寬，都是東王公一脈的靈修前輩。

瑤池金母的崛起和東王公的沒落

瑤池金母與東王公兩尊神祇在遠古神話中均具一定的地位，東王公甚至遠在瑤池金母之上，瑤池金母之所以在後來成為主流，主要是因為瑤池金母七十年前降世臨乩的傳奇事跡，拉近了人神之間的關係，讓後人在靈修路上有可依循的脈絡。

另一方面，黃阿寬雖然創立了臺灣第一個靈乩協會，又因本身的修練將靈乩帶入了更高層次，在靈修界頗富盛名，但其師方美霞的離世，加上年歲已高的他選擇了隱修，對東王公系統的傳承不如以往活躍，使得東王公至今大多只存於古書記載中，與人們的距離變得遙不可及，因此有下滑與萎靡之態。

相較於東木公信仰逐漸被靈修派信仰所遺忘，瑤池金母信仰在臺灣可說是蓬勃發展，這與人民追求特殊、神祕的靈驗感，以及熱衷於聚眾熱鬧的心態有著密不可分的關係。

「❶東王公興起時，亦有其他教派的至高神出現，形成多元競爭。

❷與西王母崇祀現象相比較，東王公欠缺靈驗感（特別是治病的靈驗感），也未見積極的、專業化的教團組織，使其信仰較難在臺灣的信仰環境中發展。

❸大部分東木公宮廟講求個人修練，較少進行集體性的宗教活動，故較難於短時間內凝聚信徒向心力，形成想像的信仰圈。

❹就現實而論，東王公主生與西王母主死的概念，相較之下，較難滿足信眾的需求。

❺因欠缺需求性，使東木公之神明特質、傳說故事、與信徒間的交感事情未被充分地直說，使信徒僅知這位尊神，卻不了解其來歷，阻礙了信仰的傳播。」45

決定神明在人民心目中的地位，以及是否能夠廣泛地在廟宇、宮壇開枝散葉的，除了神尊本身需具傳奇故事、祈求膜拜後的靈驗度，信仰者宣揚神尊的方式是否能適時適地的迎合人們所需，也是相當重要——少了人的推動，神明力量也難以彰顯。

東王公和母娘的靈乩養成之道

在靈乩養成中，這種完成天命復古收圓的宗教運動，主要受到三大民間信仰的影響：

「❶一**貫道系統**：依據我長期的參與觀察，發現靈乩的宗教英才有相當高的比例具有一貫道背景，尤其是開宗立派的靈派，有的甚至是整個系統從一貫道中分離而出，改變其原本的供奉主神與宗教形態，採用接近民間信仰的方式，致力於靈性交感的宗教運動……。有的毫無忌諱地完全採用一貫道的三期末劫與普渡收圓的理論……。

❷**鸞堂系統**：臺灣鸞堂的開沙傳教大約成型於清末……，其主要的宗教形態是扶鸞著書傳真神意以教化人民，其神靈降乩的方式對靈乩有相當的影響，也提供靈乩豐富的靈界與神學的知識體系……。

❸**慈惠堂系統**：臺灣戰後新興的宗教勢力，以瑤池金母作為普渡收圓的主神，發展出母娘救劫的宗教運動……。在形態上不同於一貫道，較接近於民間信仰，強調母娘救劫的靈驗法力……。」[46]

看似完全不同的系統，但追溯其源頭其實仍不脫離明朝的羅教。靈修派中的「普渡收圓」系統便源自於羅教信仰系統的基本理論——「無生老母」、「真空家鄉」、「九六原靈」、「三期末劫」、「三曹普渡」等教義綜合而成[47]。不過，還應將東王木公系統納入其中，靈乩養成系統才會更與現況相符。

從傳達神意到「人人皆祭司」

黃阿寬認為，一貫道在民間信仰中扮演的角色，僅是讓人民有機會接觸仙佛的教誨，廣傳聖靈訓示普渡眾生；而如今已是「人人皆祭司」的時代，人人都能修成靈乩，自由運用自身意識與仙佛相通，在祂們的教導下修行：

「黃阿寬認為，一貫道的天才與鸞堂體系的鸞乩相同，勢必會遇到通靈層次上的限制，尤其一貫道對天才的養成方式，以一種加以控制方式為主，把天才的個人靈性成長的空間封閉，反而造成通靈層次上的阻礙，使神意無法真正有效地傳達出來。因此，黃阿寬認為，一貫道的此種保守作風只能作為仙佛廣開法門、普渡眾生的先鋒，但隨著時代的變遷，一貫道的救贖風格將成為過去式，勢必遭受淘汰的命運，如今已是靈乩的時代來臨，人人皆必各自找到自身的元靈與靈脈好好修行，不再是以依靠某某通靈者作為轉承神靈之意的時代，而是達到人人皆可自由自在隨時透過通靈救贖自身的『人人皆祭司』的時代。」[48]

除了對一貫道讓神明借體的天才有所批評，對於輔以道具辦事的鸞乩，黃阿寬亦有自己的一套詮釋：

「黃阿寬認為，鸞乩會轉向會靈山的風潮是一種趨勢使然。一方面是因為鸞乩的起乩儀式相當繁瑣冗長，若要真正迅速有效地救贖世人，必須如同靈乩般，不須經由特定的儀式過程，就可以直接馬上與神靈溝通，達到迅速救贖的效力；另一方面，鸞乩也發現自身在通靈

宇色小辭典

一貫道「三才」

一貫道中，培育有天才、地才與人才等「三才」，讓神明臨乩降世弘法，其方法是透過降詩文。

- **天才**：讓神明借體類似乩童中的文乩辦事，不操練五寶與法器。
- **人才**：負責翻譯詩文。
- **地才**：負責抄寫人才轉神明臨乩時所講的內容。

層次上，必須透過扶寫鸞文才能明瞭神靈之意，這樣在與信徒溝通時難免有所隔閡，而且在表達神意只通過扶寫鸞書作為救贖的單一管道的不足夠性。」[49]

接主靈並非絕對重要

雖然黃阿寬成立的靈乩學會，以及他本身對靈修派會靈山的見解，無法與現今大宗的會靈觀點相符，導致東方木公系統逐漸從靈修派中淡出舞臺，不過他早期在靈乩界其實頗有聲名，還在後期新創了「靈乩」與「聖乩」兩個名詞，不難看出其用意——將靈修派與早期乩童、鸞乩做出區隔。

可惜的是，黃阿寬在後期宣揚傳承東木公系統上，卻沒能產生太大的影響力，至今坊間宮壇、道場仍以瑤池金母的會靈、跑靈山為修行方式的大宗，「靈乩黃阿寬似乎一直想成為統領靈乩界的首領，但由於靈乩系統的開放性，導致黃阿寬所提出的靈修模式逐漸偏離此種開放性的多樣選擇，導致僵化的靈修模式的出現，致使其他的會靈山系統，難以接受或了解這種靜態靈修的模式……」[50]原本以方美霞為主的靈乩修練系統自此開始逐漸凋零。

黃阿寬與方美霞一脈的靈修派靈乩前輩，其信仰以東木公為主，而非靈修派起源的瑤池金母，足以顯示在靈乩養成的系統中，並無一定要信仰哪一尊主神才能得到其傳承，以及膜拜那一尊仙佛才能成為真正的靈乩；不論是慈惠堂的瑤池金母，抑或無極天元宮的東方木公，只要靈修人願意以一顆虔誠的心走入靈修派，均能成為稱職的靈乩。所以我認為，在現今靈修派中，靈乩養成系統除了受到一貫道、鸞堂和慈惠堂系統的影響，也應將東方木公系統列入其中。

靈修 Point

靈修不是闖關遊戲

我常常戲謔地將形式化的跑靈山稱為角色扮演的電玩遊戲，過完這一關就接續下一個關卡，希望能打敗最後的魔王、完全破關；卻沒料到，如此走了數年靈修路，其實是一直在原地打轉。

我有一位讀者在剛接觸靈修時，可說是全省跑透透，從接旨、接令、會靈山，到被傳授要領法旨代天辦事，三不五時便一群人往海邊、山區、河床跑，去收冤魂、斬妖除魔，然而幾趟下來，心靈卻沒有絲毫成長，反而更為空虛。還有讀者提到，剛走靈修時不求榮華富貴，僅期盼事事一帆風順，但回首十數年的靈修路，才發現每個人在生活中必定面臨的感情、財務、人際、親子等問題，也沒有因為走靈修而少過。

俗話說：「練拳不練功，到老一場空。」就像練功要注重內功一樣，靈修千萬不能只做外在形式的修練，而忽略了內在心性的重要性。禪宗有句話是這麼說的：「自性迷即是眾生，自性覺是佛。」講的便是內在自悟、自渡的心法，從這點來看，我對會靈山的觀點反倒較接近黃阿寬所言的「『靈山』在人體內的隱喻，同時是孔洞、同時是一個脈點、也是一個處所」。

許多人靈修路走愈久，心眼愈小；靈修事聽愈多，反而讓人生愈狹隘。不管你是敏感體質、通靈人，或是想透過靈修成為一名靈乩，人生旅途中皆須面臨種種無常的苦，一樣要勇於面對事業、財務、情感、親情與健康上的種種壓力，每個人生活上會遇到的問題，絕不會因為走靈修就能避免——人間該面對的，你沒有特權避開。

會靈山 vs. 自性靈山

關於靈修人跑靈山，黃阿寬的觀點與母娘系統有很大的差異。黃阿寬認為，每一位靈修人都必須經過一段艱辛的內省靈山之路，開啟內在靈山與仙佛意識連結的超感知密契經驗，才能與祂們心念相通；日後為仙佛們辦事者，則稱為靈乩。

這樣的修行觀與經驗雖帶給現今靈修人不少衝擊與反思，但與此同時，黃阿寬亦有許多觀點與目前靈修人跑靈山會靈格格不入，「現在還繼續會靈的靈乩，若一直以靈動的方式不斷地會靈，未來一定會出問題，尤其是精神上的疾病問題。他認為，只有透過靜態的自性靈山的靈修方式，才能確保精神上與靈性上的提升，不致過度的或瘋狂的靈動導致精神上與靈性上的崩解。」[51]

黃阿寬的觀點大多來自其師方美霞的東王公靈修系統。他原是一個務農的草地人，目不識丁，三十九歲時（一貫道時期）自稱通靈。早期他是一貫道的道親[52]——從淡水無極天元宮旁的救世堂可看出，因此在思想觀念上，接受過一貫道儒、道、釋三家的宗教文化背景。之後，他轉向具有密教色彩的會靈山形態[53]，但由於曾浸淫於一貫道思想中，對神明借體辦事自然有其主觀的既定概念；因此我們可以認為，他在接觸靈修初期，一定會面臨兩大系統間極大的落差，也未必會全然複製方美霞前輩的經驗。

現在流通於靈修宮壇的《靈修手冊——無極皇媽娘娘》，記載著會靈的地點與流程：「會靈要從先天五母開始：（一）無極西天瑤池金母大天尊、（二）無上虛空地母至尊……（五）佛母準提菩薩。會完後再會五老：（一）中華黃老子大天尊、（二）東華木公大天尊……（五）北華水精子大天尊。會完後再會天父、地母求元精、元氣、元神，天地人三才合一。會完後再會皇媽娘娘（祂是我們的靈母）。」[54]當前的靈修會靈模式多依照此方式進行，在全省四處會靈，但這與黃阿寬所提倡，較傾向自修、靜心、內省的靈乩修練法有很大落差，形成極度強烈的對比。縱然如此，我們卻無法否認，黃阿寬提出的自性靈山觀點的的確確開創出靈乩不同的格局。

母娘的會靈山系統與東王公的自性靈山系統，在形式上有著迥然不同的修行方式，這點其實也表現出靈修的多樣性與多元化，它並非一成不變、具有一定的修行脈絡，而是夾雜著靈修人本身的文化思想與宗教觀等意涵。

靈修Point

心虔則靈，心亂則魔

讀到這裡，你或許會以為瑤池金母的靈乩觀，應該就是勤跑靈山、會眾仙佛之靈脈，而東木公則是以靜心會自性靈山為主吧？其實，這也是後人對靈修的偏見。舉一例來說明，從慈惠堂林千代的相關研究當中，便不難發現她認為成就靈修的心法是「專一而虔誠」，而不是一味的勤跑靈山、會眾仙佛之靈脈。

林千代的第二位弟子蔡宗宏（第一位是盧勝彥）表示自己初期認識她時，她家中只請了一支瑤池金母的令旗，連供奉瑤池金母的金身也沒有，但他卻對三十六種觀世音甚感興趣。「會靈的話一尊就可以啦！」林千代告戒蔡宗宏走靈修不要太誇大，還進一步提醒，「夠會的話，你菩薩只要拜一尊，你要怎麼辦就怎麼辦！」意思是指，走靈修、修行不是拜各式各樣的仙佛菩薩、舉辦各式各樣的法會來炫耀自己的能力。

除此之外，她也傳承給蔡宗宏一個靈修非常重要的心法：「不用全給你看到，天只要給你看到一角，你就辨不完了。」這句話也突顯出現今臺灣人的信仰盲從、某些宗教儀軌的花俏[55]。

或許，林千代想表達的是：「心虔則靈，心不虔，拜再多也是一場空。」不論是瑤池金母或東木公，祂們的精神都是：須純樸、簡約，才能回歸復古收圓的心境。

我相信，不論是東木公內在靈山，還是瑤池金母的煅身訓體，最終都是要教導我們「接受無常，放下貪愛、不外求」。唯有無形無相的靈修才能通往寧靜，回歸內在真理的祕訣來自「向內探求」的平等心，自我真正的覺醒，才能夠獲得神靈的護佑和法喜，進而走出心的束縛而解脫。靈修，不是將心放在外界，企求仙佛的加持，更不是一味沉迷於某位大師的灌頂——不斷精進並且不中斷地保持正念與平等心，捨棄靈魂的沉重包袱，才能夠得到自由。

這，才是靈修。

宇色叮嚀

靈修，只是另一個不同修練的開始

本章以「會靈跑靈山、寫天文呈疏文、煆身」等議題，提醒每位靈修人重新檢視你對上述靈修活動的看法，不要一直墨守成規、侷限在自己的靈修世界裡。靈修的世界非常大，你所見、所聞都不一定是全貌，唯有靠自己經驗體悟到的才是「真」。此外，也切勿因走靈修而貢高自己，誤以為自己擁有特殊能力，忽略了修行愈深心愈謙卑的道理。

觀察許多資深靈修人，發現有很多人依然對靈修感到茫然與摸不著頭緒，當中最大的主因就是——**太著重形式而忽略了內在的本質**。

我曾遇過一位個案，坐下來不久，便開始滔滔不絕他在事業、家庭、養兒育女方面的豐功偉業，以及二十多年的靈修路遇到多少奇人異事、其「命格」有多麼優異於常人，當然，他也沒忘記「提醒」我他的許多特殊能力——雖然我只看見他想在我面前證明他有多厲害。或許是因為他認為我年紀比他輕，怎麼可能懂得比他多？也有可能是因為早有無數奇人斷言他帶天命，因此在面對我時，內心的防衛機轉便自然啟動了。

過程中，我完全不知道該從哪裡插話，直到最後才忍不住問了一句：「那麼，你還想來找我問哪方面的靈修問題？」這一瞬間，他沉默了。

每位走在靈修路上的人，或多或少都希望能被肯定與認同，可惜的是，很少人能真正面對自己的心。失去了認識自我和消弭自身陰暗的修行，不論外表有多麼富麗堂皇，最終只是將「心」悶臭罷了。什麼是靈乩？為什麼要成為靈乩？靈乩的養成與心有何關係？這一連串的問題，都是走在靈修路上的你必須時時刻刻思考的。

對任何人來說，保持赤子之心和對生命高度的學習熱誠，是很重要的事，如果你恰巧對靈修、靈學充滿好奇，一定要從生活中養成吸收不同領域知識的習慣，不論是心理學、瑜伽、氣功、歷史、地理、兩性關係、宗教民俗等等，這將是你靈修路上攝取養分的主要來源。太過專注於本身所學，有時反而會讓思考邏輯陷入不自知的迷思中，靈修講究的是圓滿不偏頗，因此更需要學會如何從不同的角度思索。萬事皆無絕對的是與否，只求在處理事物的過程當中盡量合乎圓滿。或許有人會問，通靈後萬事靠神明，不就萬事皆知了嗎？但請各位別忘了——修行，是以心為基礎建構而成的宇宙觀。

靈修不是將心丟給神明

我有一位個案，他不想成為乩童，心中卻極度渴望為家中神明辦事，但他不知道該如何切入靈修，光是靜坐就讓他練習許久都不得要領，每次一打坐，不到五分鐘便呼呼大睡。

我巧妙地提點他：「為何神明要選你呢？」

「因為走這條路很辛苦啊！」他回答我。

我笑著問：「你打坐不到五分鐘就睡著了，何來辛苦？」他沉默不語。

我接著問他，假使有一天信徒來問事，你卻沒有任何感應力與仙佛連結時，該如何？

「我會老實跟信徒說今天沒有感應！」他義正詞嚴地回答我。

我順著他的話說：「以我的經驗，人的問題高達六成都不用靠神明，畢竟，總不能要求每位學校老師、諮商師、心理醫師、醫生都要通靈靠神明吧！」他再度無語。

如果你希望能從靈修之路領悟真理，一定得多方涉獵相關的知識，像是前世今生、與神對話、奧修、賽斯等一系列心靈成長書籍，就是不錯的選擇，當然，佛法中的因果論也很值得研究。這當中並沒有認不認同的問題，而是要多聽聽別人的看法，並用不抱我執的心態去看待各方知識和論點，分析當中的不同點，再思考自己遇到的情況。

因此，不論你目前所接觸的靈修觀念是什麼，請將自己當成永遠不會飽和的海綿，讓心一直處在高度學習與探索的狀態中。在靈修這條路上，不間斷的學習非常重要，千萬不要只把專注力放在「靈」的修練，只強調感應能力、神通或靈能的高低，這反而本末倒置了。一個靈修人不願學習、不願突破自身的盲點與缺點，遇到問題不思考，只想請教、拜託祂們，待事情解決、風平浪靜了，就去享樂人生……這樣的修行，修再多年仍舊只能在原地打轉。

有誰能光靠拜神就開啟人生智慧？有誰能靠求神問卜而了脫一切？有誰花錢祭改就能一生平

順？就連仙佛的修道過程都不可能如此平順容易了。因此，若你存有這樣的依賴，就是讓自己提早走入死胡同。

法無分別

一位從小篤信佛教的個案問我，對於目前的修行與人生路，九天母娘是否能給予建議？九天母娘如此告知他：「你從小篤信佛教，所以認定要為佛教出一份心力，今日在因緣之下接觸了靈修，心中必定會產生非常大的矛盾。你必須了解一個道理，信仰是依循著『法』來檢視自己的心，法本身沒有分別，是人帶著分別心去看，法才會產生不同的信仰、宗教、教義。未能看透真相的人，帶著已有分別的法來看待人世間的一切；已了知這一切的人，反而能看穿分別心造作下的法，而融會一切的法。宗教是讓人回歸內在，佛法是如此，靈修的法也是如此，兩套不同的法，其實背後都是相同的核心。不要為法不同而苦惱，重要的是，你要如何看見自己的問題，帶法走向何處？」

他告訴我，在請示九天母娘之前，他對「修行」從未有過任何質疑與反思，也就是一般人常有的心態：別人怎麼說，就怎麼做。殊不知，九天母娘確切地直指他的盲點，讓他有如醍醐灌頂。

葛印卡老師曾說：「人們不該只尊崇自己的宗教，而譴責其他宗教。反之，基於各種原因，人們應尊重其他的宗教。只有這樣，才能幫助自己的宗教信仰成長，同時對他人的宗教伸出援手，否則只是在葬送自己的宗教，同時也傷害其他的宗教。出於對自己宗教的虔誠，某些只尊敬自己的宗教卻譴責其他宗教的人會想：『我要讚揚我的宗教。』然而他的行為卻嚴重傷害了自己的宗教。和睦是好的，讓我們聆聽，也樂於聆聽其他宗教的教導。」—[56]

任何宗教、宗派、修行法都有其值得學習與深入研究之處。一位讀者曾問我：「國外的天主教、伊斯蘭教等都是一神論，而東方則有許多多靈信仰，你如何看待國外的一神論信仰？」我的看法是：我們不能用多神信仰的角度來看一神信仰，在對彼此教義不了解的情況下得出的觀點，都不夠圓滿——靈修，亦是如此。

總而言之，我想表達的是，**不要一成不變的墨守某一大師的觀點**。在靈修的世界中，除了我們所熟悉的母娘會靈、跑靈山、煆身、赦因果等，尚有一支已快從靈修派消失的東王公系統，我們是否願意放下堅守的堡壘（觀念），走出去看看外面的世界有多大呢？

至於何種靈修法才是好的？最核心的問題仍然是：我們真正了解自己嗎？我們真正將靈修法融於生活中，並改變我們的惡習與劣行嗎？

日前一位學員曾問我：靈修（靈動）現象是否只出現在華人地區，西方信仰有此現象嗎？世界這麼大，為何此現象在臺灣居多？有人說這種靈修法是老母為信眾開的方便之門，但對我來說，那可是一點兒也不方便！何況，神明真的會探究所謂的方便之門嗎？

「天地人合一」至高無上的精神力，是每個人與生俱來的，**從出生到結束，人無不受到天地間那一股無形力量所主宰**。當卡陰、久病不癒，甚至是煆身等無法解釋的現象出現時，因過往經驗無法對此有合理解釋，所以我們會尋求與此「經驗」最直接相關的系統，宮壇、道場、通靈人、乩身等便成為此「經驗」最立即性的連結。了解這一層關係，便可解釋靈修（靈動）現象是否只出現在華人地區的問題，靈動（煆身）是種異於過往經驗的身體異象，當你帶著「它」走入靈修與母娘系統，自然就接受了該套系統的宇宙觀、生命觀與修行觀，反之，若走入另一套信仰系統，就會得到另一套解讀——**接受某種信仰時，便代表你已「臣服」於它，你的問題也在當下得到合理解釋**。因此，靈修並非只在臺灣居多，而是近七十多年歷史的母娘靈修系統支撐起靈動（煆身）現象，並提供人們一個合理的解釋。

現象本身就是現象，端視你接受何種信仰去解讀，它也將教導你用一套全新的宇宙觀、生命觀與修行觀解讀看似不可逆的人生，並助我們走入「天地人合一」之境。

4 奇幻靈修界裡的靈乩

走在覺醒的路上

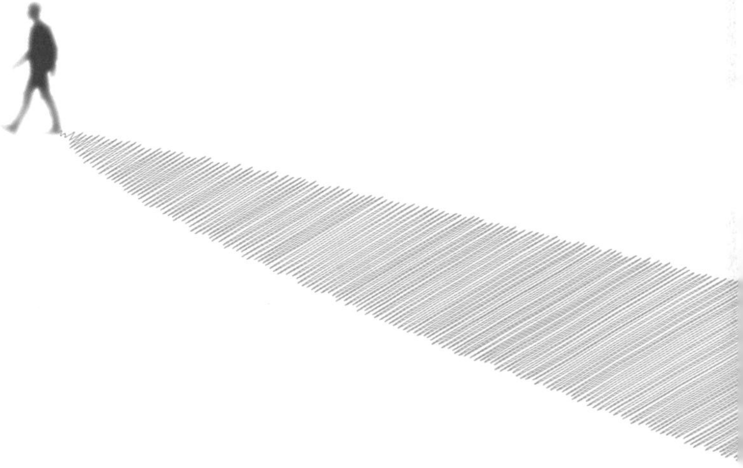

—宇色手札—

為何走靈修？為何成為一名靈乩？二〇〇二年左右，這一直是我最常被問到的兩個問題。

為何走靈修？我沒有答案，既然發生了，我只能選擇繼續走完，現在我已經坦然接受這件事了。

為何成為一名靈乩？倒不如說這是我選擇面對自己後的必然結果。

現在，當有人說他想要走靈修時，我總是會反問對方：你以何種態度來面對人生？

一個人若對自己的人生沒有任何看法與主見，靈修之路將走得非常辛苦。對我而言，靈修是時時撿視己心最好的方法，它幫助我無限延伸心的視野——生活無處不是靈修。

我習慣透過閱讀來擴充視野：我讀旅遊書，從旅行中跨越心中的恐懼；我看理財書，從企管行銷中思考人性；我研究心理、諮商書，因為宗教不脫人性；我博覽各宗教的書，從中反思自己當下的信仰；我探究占卜之書，老祖宗的智慧心血，為什麼不去了解？

修行是找出心中所欠缺的某個部分，而靈修，只是修行的起點，只是修行的誘因，絕對不是人生的終點。修行不該是入空門就能逃避一切，修行不該只是一味拜拜祈求物質滿足……靈修是生活，修正我們不足的地方，讓我們勇於面對自己、面對困境，以及坦然接受一切。

這……就是我的靈修。

民間信仰保留了人類原始社會傳承而來的原生性宗教，原生性宗教或稱原始宗教、原始信仰等，是先民們在救生的過程中隨著社會活動派生（「派生」在此指民間信仰是先民從社會活動中衍生出新的宗教性活動）出的自發性精神活動[1]。原始宗教從最早期的泛靈信仰，後經禮教的洗禮，逐漸融入當時大宗宗教的信仰，而演變成現今的模式。

原生性宗教摻雜了人類最原始的思維，以及對大自然不可思議力量的崇拜，逐次地產生了靈感思維（又稱原始思維）。早期的人們相信，大自然隱藏著人類無法了解的神祕力量，不僅可以改變現實生活中的逆境，同時還能扭轉生、老、病、死等宇宙運作法則。古人甚至相信，某一群人能與靈相交與相感，得到來自超自然的力量[2]。古代人將這群異於常人、身懷異能，具靈感能力且能通達大自然力量的人稱為「覡」，也就是我們所熟知的巫。巫使用其特殊的靈感能力和工具，連結大自然神祕的力量，為其民眾去病厄、消災祈福，這一連串的過程稱為巫術，「巫」與「巫術」是一個學術界較為通用的概念，泛指從原始社會遺留下來，透過乩與神的交感，化解人世間難以解決的事情[3]。

在坊間，通靈人、乩童、靈媒的存在，有著類似心理諮商師（穩定社會、減低社會壓力）與宗教家（提供有關災難的解釋、祈福避禍的途徑）的角色。從某一方面來說，正因為他們貼進人們的生活（在人們心中，聖靈是遙不可及的）——擔任人神之間的仲介者，讓人們將原本對神的寄望、依賴，轉移到他們身上。

現今的「乩」，泛指乩童、靈乩、靈媒等等，在中國古代的泛靈信仰當中，則稱作「巫」，因此，原住民部落中的巫師，其實就是民間信仰中的乩，兩者在本質上如出一轍。巫具有與神交感的能力，平時是人，降神時為神，亦人亦神、一人兩任，是介於人與鬼神之間的特殊人物；可以通神也能過陰（指靈魂到陰間，再回陽間），是人與鬼神的橋梁與媒介，因此稱為靈媒，是巫術的解釋者、宣揚者與執行者[4]。當然，巫（或稱之為靈媒）的存在，在早期社會一定扮演著某種重要的角色，才能從古流傳至今。

臺灣的現代巫師——乩

從早期的巫演化成今天的乩（或我們口中的「靈媒」——通靈人、乩童、靈乩），這些人在民間信仰中扮演的角色，主要可分成四個部分：

「❶**穩定社會**：在小規模的群體，或快速變遷的不穩定社會，靈媒（或巫師）扮演重要的角色，他們成了排難解紛、專治疑難雜症的人。

❷**減低心理壓力**：災難來臨時刻，靈媒成為炙手可熱的人物，幫助人減低心理壓力。

臺灣九二一震災後的『奇景』之一，是數以百計的收驚婆擺設攤位提供服務！

❸提供有關災難的解釋：對許多民眾來說，『巧合』及『偶然』不是災難臨頭的合理解釋，因此靈媒往往會以通靈的方式，提供對種種災難與不幸更『合理』的答案。

❹提供祈福避禍的途徑：對更多人來說，靈媒是可以達到『祈福避禍』的目的之媒介。無論求福、治病、尋人、喜事，靈媒都成為民眾諮詢的對象。」[5]

是聖靈，也不是聖靈

臺灣社會依舊保存著薩滿式的連續性文明（強調人、動物、天地、文化和自然同屬一體連續），有著從史前延續下來人神溝通的宇宙觀與巫術[6]，當時的人們認為，要解讀宇宙浩瀚中聖靈的天意，並運用術法為人民解決生活中的疑難雜症，只能依靠「巫」的能力。如此透過巫，以超越現實的思維與靈相交、相感，來達到為人民解惑的模式，一直延續至今，「古代巫文化的信仰系統，其基本原型有三：一是泛靈的認知與崇拜，二是代人通感的巫師，三是交感巫術或法術的操作。」[7]

「這三種原型是以巫師為核心而展開的，以巫師作為人與靈溝通的中介者，由巫師的巫儀，使得人與靈能互相適應對方的願望與請求，發展出人與靈相互協調的生存求優模式。」[8]歷經幾千年的歷史演化，巫文化從一方小眾的地方性信仰，到最後演變成結合了佛、道、儒的宗教融合。當巫術與宗教混成一團時，巫術宗教化與宗教巫術化早就連結成生命共同體，因此，原始信仰延續至今仍可展現其特有的宗教形態，佛教、道教等制度化宗教在其儀式行為中也保有著大量的巫術文化[9]。

巫文化的蹤跡在臺灣民間信仰之所以更明顯，除了因為融合大家所熟悉的宗教文化，其最特殊的元素便是充滿泛靈和超感知經驗的文化傳承，尤其著重於人與靈的交感。

「對於原始思維下人神交通的中介降神人物，古代文獻稱為『巫』或『覡』，現代學術界習慣上稱為『薩滿』、『靈媒』、『靈人』等，是指可以溝通人神與體兼人神的宗教性人物，能通過一定的法術實現人願與溝通神意。」[10]巫師是天、地間的媒介，同時也連結起神、人之間的關係，巫術不只是一套神人交通的行為模式，同時也表達了人類集體共有的心智思維。在為人民去除病厄時，巫所扮演的角色就宛如救世主——當聖靈（或高靈、仙佛、菩薩）降臨時，其一言一行就是聖靈本身，而不再是日常生活中一般人所熟知的角色。等到聖靈退去，回復到巫本人時，不論當時的巫是以何種超乎人們經驗的法力為人去病解厄，其虔信者亦不再將巫者視為聖靈——或許，這也是民間信仰中的巫與宗教領導者之間最大的差別。

戰後崛起的新乩——靈乩

當巫的角色從早期的部落文化延續至今，流入民間，在臺灣有了另一種形式的名稱——

乩。「在臺灣的閩南語系中，一般是以『乩』來代替『巫』一語，如『童乩』、『文乩』、『武乩』、『扶乩』、『主乩』、『正乩』、『副乩』、『乩生』、『乩手』、『乩掌』、『乩身』、『乩士』、『乩子』、『訓乩』……等。」[11]

「童乩延續著古老的巫文明，從交天地與通鬼神的宗教禮儀活動中，滿足人們祈請神明來治病請福的願望，這種古老巫醫不分的文化形態，沒有因醫學與科學的發達而沒落。」[12]從早期的巫一直到現代的乩，這個角色和文化並未隨著醫學、科學的發達，以及教育普及而消聲匿跡，反而以各種形式巧妙滲入民間信仰，進入臺灣人的生活當中，顯示著它在信仰中不可或缺的地位。

除了乩童，隨著靈修派的興起，還演變出另一種為聖靈辦事的新乩——靈乩，戰後臺灣靈乩的崛起與發展，與臺灣新舊社會結構變遷有密切的關係[13]。乩童與靈乩，宛如臺灣新舊世代不同的代表：「在臺灣漢人語言中慣稱為『乩』，戰前臺灣的『乩』可以分成三大系統：第一，童乩：源自古越語的『dang』，保存古老降神的文化模型，稱為『著童』、『起童』、『退童』等……；第二、鸞乩：不必操弄著身體與語言，以手執乩筆沙盤寫字，傳真神意以化人……；第三、雜乩：不同以上兩種乩的總稱，其降神的方式相當多樣，如觀手轎、觀輦轎、觀落陰、觀碟仙、觀桌神、觀筷神等……。」[13]綜合三種不同形式的「乩」，我們或可從中擷取四項特徵：

❶聖靈降示於乩身，一定有其工具，童乩「借體」予聖靈，鸞乩則是「借手」予聖靈沙盤寫字以揭開仙佛欲告誡後人的訊息。鸞乩源自於古老扶乩的降神活動，被視為一種古占法，爭議之處在於神究竟是附在寫出文字的乩筆上，還是附在扶乩者身上[14]；雜乩更是明顯，聖靈藉由轎、碟、桌、筷等「工具」傳遞訊息予人們；觀落陰則又是另一種形式，它以乩身的身體為媒介，擔任聖靈代言者能牽引亡靈上自己的身體來代亡靈說話，或帶領民眾到陰間去交會亡靈[15]。

❷童乩、鸞乩，以及操弄各式不同工具讓聖靈降示的雜乩，都只扮演傳遞者的角色，在為民眾辦聖事時提供肉體讓聖靈使用，他們本身並不勸世渡俗。

❸從辦聖事的儀式，可以區分為肉體辦事與藉由實體道具辦事兩種，前者稱乩童，後者統稱為扶乩。

❹靈修派中為仙佛辦聖事的「靈乩」，又與上述的「乩」有迥然不同的區別。

不論是借身體給聖靈辦事，或以實體工具向問事者傳遞仙佛的意思，乩童在這當中擔任的是媒介的角色，問事者向乩童（媒介）表達心中的疑問，仙佛再透過乩童、實體媒介給予解惑，靈乩則省略了這道過程，「『靈乩』為『以靈作為和神明溝通管道的人』，因與仙佛在無極界有因緣且帶有神明指令或是累世宿願而來到太極界，需要透過靈修開發其潛能才能成為一個合格的靈乩。靈乩不同於一般以體為媒介的靈媒及乩童，靈乩在與仙佛溝通時不需要任何法器和準備儀式……。」[16]

與乩童迥然不同的靈乩

除了在辦事、修練的方法上異於傳統宮壇乩童之外，靈乩最大的特色在於，他不再是單純地為神明辦事，而是朝向另一個不同的層次，協助更多人找到屬於自己有緣的仙佛菩薩，接軌自己的靈山靈脈。

從通仔到靈乩

早期靈乩並非稱為靈乩，而是「通仔」或「童仔」，民國七十八年，為了成立「靈乩學會」，才將傳統通仔或童仔的稱法，改稱靈乩[17]。

關於靈乩的屬性與特質，淡水天元宮創始人黃阿寬有更詳明的解釋：「靈乩，基本上是中國傳統宗教文化下與臺灣宗教文化下產生對於通靈者的新稱呼。在華人的宗教文化裡頭，通靈者的出現是有其遠流的。靈乩只能作為臺灣當代對通靈者的稱呼，而這個稱呼又是來自某種政治性

宇色小辭典

「靈乩」一詞的首次出現

黃阿寬、吳德堂、高天文、李重光、賴宗賢等人在民國七十七年農曆八月二十三日成立了「梅花聯盟同心會」，於九月二十三日在新店皇意宮召開了第一次會員大會，之後正式向內政部提出社團申請，但內政部建議改稱為「靈乩協會」，靈乩一詞便在政治當權者的命名下產生。[18]

的要求。若將靈乩放進傳統的靈媒系譜裡，其中會發現此種通靈現象與其他通靈現象，是有其階序性的……。」19

乩的三大階段

黃阿寬是第一位提出「神職人員有階段性」的代表性人物，也將靈乩的特質與坊間所認知的乩童做了明確的區別。在黃阿寬的觀念中，「乩」可分為三種類型：

❶**乩童**：當神明附體之際，乩身會全然進入無意識狀態，神明退駕後，當事人無法憶起方才所發生的一切。

❷**靈乩**：靈乩之所以凌駕於乩童，是因為其在修練過程中保持全然的意識狀態，當神明臨乩降體，外人無法從外表判斷出是人或神明。

❸**聖乩**：聖乩所通的神祇高於乩童、靈乩，人與神之間的界線更加模糊，換言之，就是在意識層面上已達到人神合一的狀態。

回到乩童與靈乩，兩者最大的差別在於靈乩以靜態修練為主，不如乩童會操五寶法器，在視覺上充滿血腥與暴力。

「操五寶」指童乩在起乩之後，為表示神明附身、乩身對其所見神祇的誠意，或是為了見血辟邪等目的，而使用五寶砍身的行為[20]。有些人不認同乩童操練五寶的血腥儀式，認為此舉非正神所有，甚至有人認定這是「惡靈、邪靈、低等靈」附身才有的行為，其實，「乩童將自己劈打出血的原因，主要是為了使自己的肉身作為與宇宙力量連結、以犧牲交換超自然力量的獻祭方式，『血』是作為一種連結超自然力量的象徵。這基本上是一種古老的薩滿的儀式行為。」[21]

不過我認為，乩童如此激烈的行為，其實不純粹是為了與神明（宇宙）連結。乩童在操練與出巡時，透過五寶對肉體劈打並見血，亦象徵著乩童對神明的真誠，並彰顯神明至高無上的權力——乩童是從古老的薩滿中演變而來，血祭本就是薩滿儀式重要的一環，是原始薩滿對鬼神虔誠的表現。此外，早期的民風純樸，如此異於常人的行為還具威攝人心之效，讓人們更臣服於無形的神祇力量。

放下五寶進入靈性成長

隨著時代演變、民風開放，以及媒體資訊的爆炸，乩童操練五寶的血腥儀式多少受到世人排斥，以及較為異樣的解讀。從靈乩的角度來說，操五寶在靈修上並非必要。

事實上，若單就本質上來討論，靈乩其實是「排斥此種古老的薩滿儀式，認為此種儀式行為只是透過肉身的靈動，並沒有在內心的自性上修持，因此才會有如此失控的身心靈同時無法控制的狀態。此種狀態在靈乩的認識中對於解脫並沒有任何助益，也就是說薩滿的儀式行為只能解決人當下命運所遇到的問題，無法提供人存在這世界意義的根本解答。」[22]

靈乩在成為正式助人者的角色之後，仍需保持精進的態度與修行，其能力才可以一步步地進階；乩童就不一樣了，一旦正式成為乩童為神明辦事，即毋需再像前期訓乩般辛苦。相較於乩童，靈乩的自省力與覺察力較高，這也是靈乩與乩童最大的差別，因此，靈乩的養成也融合了本身的生命成長與辨聖事、助人等實務工作[23]。

黃阿寬是第一位將靈修神職人員分等級的靈修人，在他創立臺灣靈乩協會時，將神職人員做出三個層次明確的劃分，分別是道術法門、太極法門、無極法門：

「『道術法門』是指華人民間宗教信仰的『火居道士』與『法派法師』，這兩類神職人員，都是經由師徒授受的方式，把一些道法傳承於後人，因此黃阿寬認為，這是一門可以經由知識傳授方式學習而來的法門，所以也稱為『後天法門』。

『太極法門』則是指臺灣民間宗教具有通靈能力的靈媒（一般稱為「乩身」），包括乩童、尪姨、鸞生、天才與母娘乩……等等。黃阿寬認為，這些人一般作為神靈的乩身，通常也是經由一定的授受方式即可學得通靈技巧，因此也是屬於後天的法門。

只有『靈乩』是屬於『先天法門』，也稱為『無極法門』。所謂『無極法門』是屬於自我自性的法門，是『心法由心發』，不假外求的先天之法。」[24]

黃阿寬從道術、太極與無極角度，將靈乩的產生與我們一般認知的乩童、道士、鸞生等做了明顯的區別。

那麼，靈乩與大眾認知中的通靈人、具陰陽眼體質者是否一樣呢？

「黃阿寬認為作為靈乩只要透過一定的靈山修練法門，就可以由被動的乩身層次轉為主動修練成仙。」[25]黃阿寬在「如何成為靈乩」上設定了一個門檻——透過一定的靈山修練法門。許多通靈人、陰陽眼者天生便具有與鬼神連繫的特殊能力，雖然亦不乏透過後天修練而成者，但不論如何，未經過靈山修練法門的，就算具備與神靈溝通的能力，亦不能稱之為靈乩。

靈乩取代傳統的扶鸞

黃阿寬認為，鸞堂的扶乩辦事方式並不能讓神明清楚地降示於世人，另一方面，辦事的方法又受限於鸞堂工具，若工具不足，便無法順利進行開示，但靈乩就沒有這樣的困難：

❶靈乩以意念與仙佛溝通，毋需任何工具輔助。

❷鸞文仍需透過第三者詮釋及解說，在一來一往之間，不只失去了準確度，也增加了人神之間的隔閡。

❸靈乩辨事有其立即性的優勢，也沒有區域性的問題。此外，不論是靈乩轉達信徒的意思給聖靈，或是聖靈透過靈乩的意識傳遞訊息，這種雙向溝通都是立即性的——這也是鸞乩無法取代與克服之處。

對於仙佛借體的乩童，黃阿寬亦有其詮釋觀點。他認為，乩身通靈時搞不清楚自己在做什麼或說什麼，是因為本身的鍛鍊不夠，才無法準確地使用清楚意識的理性語言來與神靈溝通，並傳達神靈的諭示。既然連乩童自身都無法明確掌握傳達神意的過程，其所傳達出來的內容恐怕也有待商榷。因此，黃阿寬認為，這些乩童／尪姨必須再經過更深一層的靈修訓練，才能提升自我靈性，在清醒意識下嚴謹且完整的把神意傳達給人們[26]。

儘管乩的形態多樣且複雜，但宗教活動的目的卻是一致的：獲得神聖性的「乩示」以滿足民眾消災除病、解救危難的生存需求[27]。乩示不只連接了人神間的關係，也在靈媒、人與聖靈三者之間扮演著不可言傳的形上密契關係。

每一個人都有可能走入靈修成為靈乩，靈乩的養成已開始逐漸脫離四大系統

字色小辭典

形上的密契關係

所謂「形上的密契關係」是指，乩在傳遞神鬼訊息的同時，也暗示了天地鬼神的存在。「神鬼訊息」不只是文字、語言，更重要的是，它代表了乩與心靈、鬼神的一種共存關係。

（加上東王木公系統）的影響，私人宮壇和大大小小靈乩廟也各自發展出自己詮釋靈修的觀點。「會靈山似乎已經將這傳統三大信仰系統的神話、宇宙觀與儀式，加以吸收轉化，拼發（拼湊與發現）出一套套大同小異的神學模式。每座會靈山的宮廟神壇都有自己所屬的神話、宇宙觀與儀式。在這樣的背景之下，靈乩如何出現在現今臺灣民間宗教的舞臺上，似乎有跡可循。因為這些從事會靈山活動的人——『靈乩』，基本上大部分都是來自於這三大信仰系統。也就是說，目前這些從事會靈山的宮廟神壇，大都由一貫道、慈惠堂與鸞堂轉變而來，之後逐漸脫胎成為獨樹一格的會靈山宮廟神壇。

……為何靈乩有取代傳統這三大信仰系統的可能性？其主要的原因在於，傳統三大信仰系統的扶乩辦事的傳統形態，已經沒有辦法負荷現今快速求新求變的需求。傳統訓練一個乩手，需要花費一段很長的時間。再加上民間宗教的信仰者對於文字的需求較低（民間信仰者甚少透過閱讀來增廣見聞，多只習慣求神問卜），大部分的信仰者教育程度不高，這與靈乩走向以靈動、不立文字的心法不謀而合，因此大受歡迎。」[28]

是靈乩，還是乩童？

瑤池金母七十多年前降世花蓮，開啟了靈修世代——或可稱為從乩童期走入靈乩期的靈媒交替年代，同時，也改變大眾對「連繫仙佛菩薩為平民百姓解惑的管道」的認知。早期當人們遇到疑難雜症且無法解決時，最常尋求的協助管道便是到宮壇請求乩的幫助，讓仙佛降乩在乩童身上與百姓溝通，此時，乩童的身分宛如人間與仙界的橋梁。乩童不僅在宮壇中具有宗教領袖的象徵，在民間信仰中也被賦予了神明萬中選一的特殊身分——在早期農耕時代，乩童是不可或缺的重要角色。至於靈修的崛起，其實是因乩童意外地帶動靈乩出現，這也是乩童期轉為靈乩期的重要分水嶺。

行話混著用

現今靈修界最常出現的問題，是對「乩」的認識不夠明確，例如乩童界常用的術語亦經常出現在靈乩身上，如靈駕、轉駕、退駕等等。「駕」是對他人的尊稱（例如「尊駕」），而「靈駕」二字，便是對外靈的一種尊稱，因此，應該只有乩童才會使用退駕與靈駕等術語，因為他們在為民服務時，必須依靠本靈之外的「靈」。

反觀靈乩，他們並不需要靠外靈辦事，靈修是修真元（又稱元神），一切依自我為主，何來「靈駕、轉駕、退駕」之說？如同黃阿寬所言，靈乩是先天法門，也稱為無極法門，是屬於自我自性的法門，是「心法由心發」，不假外求的先天之法。

之所以會出現術語混用的現象，可從靈修的歷史演進推測其中原由。早期宮壇以乩童為主，外靈（泛指自我之外的靈）借體乩童傳遞訊息，以處理信徒的疑難雜症，《瑤命皈盤》第二十二回及二十七回便記載：「時有遠山西部苑里的地方，來了一法力高強的道教法師名曰劉添丁者，在其家設壇問陰，俗曰關陰童（又曰關落陰），甚是靈應，求問者接踵而來，絡繹不絕，甚至有擁擠不開之狀。時有二個壯年夫妻到壇，請求問其先父母之陰靈，時有乩童名曰蘇烈東者……。」[29]

當時，劉添丁法師與蘇烈東乩童開設了道場，供人詢問往生者之事——關落陰。「某年八月十五日晚，……忽聞一陣刺鼻的香煙撲面而來，即覺得頭昏腦轉，連連呵欠不止，眼淚直流而下，手足麻痺，全身無力，如醉如癡，氣喘心跳，神情不常，未幾竟跳將起來，將身一縱，坐在棹上，開言說道：吾乃主母娘娘下降是也。是時家人急急跪下請示曰：不知主母娘娘聖駕降臨，有何指示，主母娘娘說道，吾在天上，常見人世多患惡疾奇病，危難不治之症，層出不窮，今見此地眾生善良樸實，上天慈悲，不忍世人苦難，吾特下降此地……。」[30]

瑤池金母初降人世臨乩辦事，是由乩童蘇烈東開始的，在這之前並沒有靈乩的出現。因此，當煆身初次現身宮壇時，並無靈乩前輩帶領，一切皆由

宇色小辭典

穿越的「關落陰」

七十多年前的關落陰（又名觀落陰）與現代關落陰，在形式上不太一樣。在當時，多半是由往生者附身在乩童身上，或者是乩童下陰間代替在世親人探望往生者，而現今的關落陰則是在法師持咒之下，由在世親人親自下陰間尋找往生親人。

乩童請示瑤池金母教導。現今坊間的宮壇亦是如此，許多原本以乩童為主的宮壇，在面臨信眾無預期出現煆身現象時，因無人能做出解釋，乩童本身又無此經驗，因此只能以過去的經驗與觀念來指導發生在當事人身上的煆身現象；又因煆身的行為與起乩相似，宮壇充斥的神靈形象又容易導致煆身出現類似某尊神明的形態，致使宮壇以原本的乩童慣用詞（如起駕、靈駕等）來解讀。

不想再成為神明附屬品

乩童的修練是由老乩童傳承給新乩童，自然有修練方式可依循。「乩童的培養過程基本上有兩種：第一種是從小訓練起，一直到老之後（也就是成為老乩童）方可退休，並由新乩童（年輕的乩童）接下老乩童的職務。第二種是由神明直接降旨命由某某人來擔任乩童，降旨的命令由老乩童宣布，或由新乩童自行宣布已被上天所預選為某某神靈的代言人。以上兩種挑選乩童的方式，就叫做『採童』。」[31]

靈乩的修練則有明顯差異：「靈乩重視自我靈性的開發，認為若像童乩一樣只是被靈神附體，說著唱著自己不懂的話語，舞著自己無法控制的身體，無法達到自我修持的目的，終究只是身體被控制、利用的，而無法更深入探究及認知，因此需要以練習的方式來使自身找到與上天連接的靈感，並藉由訓體修行來達到身心合一。」[32]

靈乩與乩童有兩大不同之處：❶靈乩不靠外靈借體附身辦事，因為如此無意識的狀態無助於自修；❷訓體（又稱煆身）是達到身心合一的法門。

當靈乩出現後，靈修人逐漸不想再成為神明的附屬品，希望能在為神明辦事與修練之間取得平衡。「在民間宗教的信仰中，靈驗與神蹟是信仰者所追求與依循的核心，這是宗教引人入教的一項重要功能及憑藉……。然而靈驗與神蹟的發揮與顯現，除了看不到的神之外，另一個主體是人，也就是神附身於人，而這個人便是民間信仰中的核心人物『乩僮』，在信仰者的心目中地位僅次於神。隨著時代的轉變及文明的演進，乩僮的角色已逐漸褪去，取而代之的是俗稱『通靈仔』的『靈乩』。」33

不過話說回來，雖然時代變遷改變了神明在人間的代表性主體——由乩童轉為靈乩，其內在欲藉神明達到靈驗經驗的本質卻絲毫未有改變。

不用跳童就可以與神明溝通

既然靈乩與乩童是完全不同類型的靈媒，那在外在形式上，兩者是否有不同的特徵？

「神明附體的巫或乩可以不必採用迷狂跳童的方式，也能溝通神明傳達其交感的旨意。被神明附身的人也可以在意識清醒的狀態中，以某些象徵性的動作或語言來與神明靈感相應，甚至以肉身等同於神靈的存有，常駐人間來為民眾解厄治病，『乩』雖然是人，卻常被視為神的化身，已不是普通的人，能直接與神明合為一體，在言行中體會神的能力與意志……，彼此間能夠直感關聯與直感整合，產生了『靈實相關』的信仰效應。所謂『靈實相關』，是指人體的『實』與神明的『靈』是有直接關聯的，肉身不只是讓神明附體而已，同時也與神明合為一體，展現出共修的救世情懷，這一類的乩是與童乩有些區隔，自身的宗教意識也較為強烈。」[24]

靈乩是巫在時代演變下的過程，靈乩為仙佛辦聖事的形象，與乩童有很大的差異：

❶靈乩不必採用如乩童般迷狂跳童的方式，就能進入到與神明交感的狀態。

❷相對於乩童在辦事時的意識不清，靈乩被神明附體時意識清醒。

❸不必以神明形象示人，僅以某些象徵性的動作、語言，表示正與神明靈感相應。

❹乩童在讓神明附身時，僅剩「靈」的意識，而靈乩則是靈與實相融合，他們與神明合為一體，在語言、意識與行為上體現了神明的能力與意志。

❺乩童講求的是神明附體的程度，靈乩則與神明合為一體，展現出靈與實之間共修、共存的濟世渡俗精神。

❻靈乩的宗教意識較乩童強烈，這也充分表現出，成為一名靈乩並不單單是為聖靈辦事，在其心性的修練中，仍須以自我意識與宗教意識為基礎進行靈乩的修行。

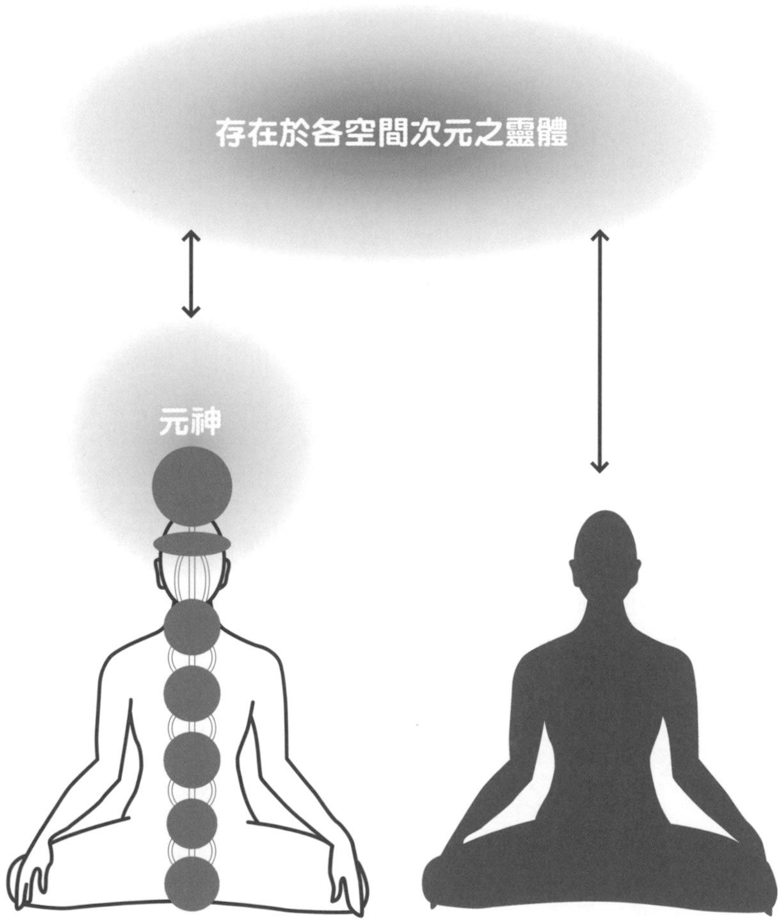

靈乩，以煆身（靈動）修練中脈進而開啟七脈輪，才能進入到元神與靈魂合一，合一之際，以元神意識與外靈（泛指不屬於本體的靈體，如仙佛、鬼靈等）交感。

乩童，以坐禁、茹素等方式淨化身口心，達到身體與外靈相同之頻率，看似外靈借體辦事，其實僅只是外靈意念的投射，因為外靈依附強弱仍視乩童本身的身口心清淨程度而定，乩童肉體和心理的清靜度會影響外靈交感的頻率。

鄭志明教授還表示，靈乩尚有幾點與乩童有著很大的差異，例如：靈乩啟靈準備動作較短暫，甚至可以在沒有任何提示下便有所反應；另外，神明從靈乩身上退靈時，靈乩也不如乩童有大幅度向後倒下或不醒人事的現象發生，聖靈離去時，靈乩本身會明顯感受到元神意識與神明投射時的差異；最後，就是靈乩在為仙佛辦聖事的過程中全程意識清醒，語言也如平時一樣正常——這點與乩童有很大的差別，許多乩童在辦聖事時，必須在闔眼的情況下進行，語調則依附身的聖靈而有所不同，大致符合人們對該神明的既定印象。

此外，「以靈修方式辦事者，我們會以靈乩稱之，有一些靈乩無法看到、聽到外靈的訊息，也無法讓外靈附身辦事，必須是以轉換元意識，以透過元神才能了解訊息來源。與元神意識融合度高的靈乩，便具有轉換靈語的能力……，靈乩所會的能力與後天心性成熟度有絕對大的關係。」[35]

除了外在形象、辦事方式與內在差異，靈乩與童乩最大的差別，在於啟靈時並非處於昏迷狀態，也沒有明顯的神明形象與肢體動作[36]。根據觀察，以靈乩形態為仙佛辦事的情形愈來愈常見，近二、三十年來神壇林立，靈乩亦有逐漸取代傳統乩童在宮壇辦事的趨勢。[36]

由神明捉乩走到自發性修行

童乩的成乩因緣大多歸諸於生活環境，或生活困苦、教育程度低、疾病纏身等[37]，許多人是在不得已的情況下，不情願地將身體借給仙佛成為乩童，畢竟成為正式的乩童是一條漫長的路，若非走到窮途末路，一般人豈願意輕易成為乩童。

在一般人的印象中，認為帶乩命的人在生活、情感各方面皆會較常人艱辛及坎坷，「在童乩的成乩過程裡，遭遇困頓的對象可能不只是受召選者本身，也可能發生在周圍的親友；也不僅是生理上的病痛會引導他親近神明之事，生活中的種種不順遂，如親人病重難癒、痛失至愛，婚姻或人際關係面臨危機等種種事件，也迫使受召選者向『成乩』之路推進。」[38]

靈乩養成則出於自發性，大多是因感召於瑤池金母、眾仙佛的靈力而進入靈修道途，這與乩童有著極大的不同。一個人在成為乩童之前，往往會經歷許多的苦難，身體病痛不斷、發生異常的行為舉止、情感遭受巨大的打擊，人生需要承受許多的考驗及苦難[39]，有些人因此走入乩童世界，有些人則是在神明捉乩之下開始為神明辦事。

一般來說，成為乩童有三種方式：第一種是由人來決定繼承的衣缽，乩童本身的自主性較高；第二種是透過神明降旨於老乩童身上宣布，或由新乩童宣告自己為神明代言人，但都充分表現出人們對於神權的臣服。第三種選乩方式就較具脅迫性了，在本質上也展現出某種「人順應鬼神力量與臣服命運的態度」，「若人被捉當童乩，都是先天的命格有缺陷，可能命中屬短命，或身體不好等；這樣的人，是神捉的對象，被捉者若願意成為童乩，並好好服務，便可增壽強身，若非，將家道中落，身不平安，甚至死亡。」[40]相較之下，靈乩從踏入靈修到因緣際會下擔任神職的過程，就有比較高的自主性。

密契經驗驅使下走入靈修

有的靈乩是因為本身想為神明辦事而走上靈修路，有的則是受到他人的影響，此外，也有許多靈修人是因為經歷到一段無法用邏輯與過往經驗解釋的密契經驗，在逼不得已的情況下走入靈修。以下便是一個受密契經驗召喚而走入靈修的例子：

「A研究參與者並不是小時候就有感應的人，她發生改變是在三十四歲那一年（今年五十一歲），一開始的症狀是精神不濟，眼睛老是閉著想睡覺，有聽到外星人的聲音（她現在覺得那是靈山語），眼睛閉著無時無刻都會看到異象，耳朵彷彿耳咽管不平衡般脹脹的，聽到好像另一空間的世界，也常有頭暈或飄飄然的感覺。她也有去做一系列的檢查，答案一樣沒病。她覺得自己可能有神經病，A的媽媽後來帶她去問神，表示有神明要用她，而且『靈』趕得很急，沒多久一位老師就幫她『開靈（臺語）』。接著，她感覺到的異象更多，甚至常會感應到數月後才會發生的事。不過她倒是一直排斥這樣的事情，她無法接受，還是覺得自己可能有病。最後她還是得接受事實……開始『辦事』。」[41]

「……那時眼睛也常常不自主的閉著，連開車都一樣，經旁人提醒才覺得自己怎會閉著眼睛。而且她『還可以走到紅綠燈，紅燈到了踩煞車，到綠燈可以走，又沒有出過什麼所謂的，呃……大問題。』甚至於到後來變成眼前好像有東西飄過，『看到東西從我前面閃過去，閃來閃去不知道在閃什麼東西。』當時A認為她不到三百度的近視眼，應該還不至於看到東西會閃，而且看到的次數愈來愈多，有時甚至『動不動就覺得說，欸，奇怪？怎麼這個人後面有個影子這樣子啊？』」[42]

看過《我在人間與靈界對話》的讀者，對這樣的現象應該不陌生。我初啟靈時的情境正好印證了，密契經驗常在生命「邊界處境」下的急迫經驗中發生（如重大疾病、意外或死亡逼近），也有可能出現在具有宗教脈絡下的超個人體驗，如出神、恍惚、出體、靈視等等。雖然我與上述個案成為靈乩的「密契經驗」並不完全相同，卻可以從中歸納出幾個重點供大家參考：

❶出現密契經驗並不一定要具備虔誠的宗教信仰。

❷密契經驗出現後可能促使當事人接觸修行或靈修，而成為一名助人的工作者。

❸若選擇走入靈修派的體系，可能的選擇是一貫道、鸞堂、慈惠堂、東木公或一般宮廟。

❹每一個人都有機會發生密契經驗，至於是否成為靈乩，則並不絕對。

並不是每個人都是要走上宗教路後才會遇到「密契經驗」而進入靈修派，就算選擇了靈修，也沒有非要選擇哪一種特定的信仰，才能達到天人合一的境界進而成為靈乩——靈修擁有高度的「信仰自由選擇權」。

宗教賦予人一種控制力來面對充滿危險和不確定感的外在世界，而我們之所以認為能掌控這種控制力，主要是在體驗密契經驗時看到了令人敬畏的「更高層次力量」——這種力量也可以稱為能被認知的神明、神靈，以及永不改變的絕對存在[43]。

這種看似自發性卻無法主動啟動的密契經驗，會因個人的心境、生長歷程與態度而產生不同的境界，有人欣然接受，有人在百般無奈下接受，有人則是在這被動的狀態下有了神性合一的體驗，不論是何種心境現象的發生，此「不可言喻的密契經驗」都已經對當事者的日後人生產生了變化。

「就臺灣民間宗教經驗來說，『神』是出現在對人的苦難的救渡裡，以祂的『面目』化現的『靈象徵』，因此『神』做為『靈象徵』，往往是在對人的救渡裡才有了最為鮮活的生命力，在這同時，『神』才得以還其本來面目。離開了民間宗教實踐的土壤，『神』的面目就顯得蒼白無力，成了一種『傳說』而休眠。」[44]

密契經驗似乎都有此相同的特徵，當我們以理性看待無法解釋的現象時，我們的生命不會有任何改變，而當你願意讓密契經驗進入心中，甚至願意走進宗教世界，那一刻起，神話故事裡的神鬼都將在你腦海中鮮明地活起來，當中的神蹟、不可思議、神祇都將成為你生活裡的一部分，甚至連過去所遺忘的記憶，都會因它再度活了過來，這就是「不可言喻的密契經驗」。

靈乩的「風險管理」

在成為一名靈乩的過程中，是否可能產生所謂的「靈性危機」？如幻聽、幻覺，或是精神疾患呢？我曾經將跑靈山、會靈所產生的現象，與一般所熟知的精神疾患解離症做了以下分析：

「❶當靈修人處於靈能狀態時，對於所做所說的一切，本身意識完全清醒。

宇色小辭典

什麼是靈性危機？

布蘭特．寇特萊特（Brant Cortright）在《超個人心理治療：心理治療與靈性轉化的整合》中將靈性危機分成兩大類——意識的改變與靈界開啟：意識的改變包含拙火覺醒、瀕死經驗、合一意識、回歸核心面得到更新、前世經驗；靈界開啟部分則有神通的危機、巫士的危機、通靈或與指導靈溝通、附身狀態以及遇見幽浮等。

在跑靈山與會靈過程中，類似的聖靈附身現象可能導致的靈性危機有合一意識、神通的危機、巫士的危機、通靈或與指導靈溝通、附身狀態等六項，這也顯示跑靈山、會靈這等靈修模式並非適合每一個人來修行。不過，靈性危機並非一定不好，有時它的出現，反而意味著它是帶領人們觀照到內心最快捷的一條道路，就像布蘭特．寇特萊特在書中所言：「然而在靈性危機的人，如果可以放入這個過程，就可能在心理和靈性得到更高層次的整合。」

別以為只有走靈修才會發生靈性危機，我也遇過不少接觸坊間宮壇、道場的人發生精神異常的現象。在此奉勸對宗教修行有興趣的讀者，每一個宗教都有其誘人的一面，但背後也必隱藏我們未知的神祕力量。不論是選擇老師、團體、道友，都必須克己慎行、如履薄冰，以避免因輕信而讓自己發生不必要的事情。

❷一般修得較精進的靈修人，要進入靈能狀態大多是採主動權。
❸處於靈能狀態所做的一切行為，靈修人擁有絕對的主導權。
❹在靈修路上不斷思辨的靈修者，相當擅於處理自身的情緒問題。」[45]

「靈性危機」是必然過程？

靈修人會靈的過程與一般人熟知的精神疾患並不同，超個人研究發現：「危機雖然看似混亂、失控，但透過這種看似脫序的情形，卻有可能產生更深層的次序，許多靈性傳統也證實了這種看法。靈性危機預示意識的嶄新發展，打破舊有的結構，產生全新的成長和更以靈性為導向的生活。」[46]但老實說，我沒有辦法完全解釋該如何在靈修過程中避免產生幻聽、幻視等現象，或許，想成為一名靈乩，在靈修中經歷到各種靈性危機將是一段必然的過程。

神話故事是幫助靈乩更認識自己

靈乩的修行觀是建立在神聖感應的神話上，即以靈人交感的神話來建立其神學體系，這些神話無法驗證，卻是其信仰的動力，以語言的表述系統傳達神聖的體驗[47]。神話故事是否真實與具有可驗證性，並非靈修的必要條件，「有些靈乩意識到靠靈感神話來修行是不足的，重視『自性救劫』的修行法門。強調不能完全靠仙佛的他力救濟，也要本身心性的自力救濟，以仙佛來啟發自我的明心見性，以法門來開啟眾生的自性，肯定自性就是宇宙，達到道化人生的境界。」[48]

要成為一名靈乩，其實不一定要依循著相同的東方創世紀神話（如復古收圓、末法時期等）模式前進，而會靈、跑靈山、煆身等儀式亦非成為靈乩的必經之路。我們可以將「啟靈」現象視為一種密契經驗，它引導人們一步步地從該經驗中檢視自己隱蔽、不為人知的一面。「臺灣靈乩各有不同的來源與種類，其靈感文化極為豐富與多樣，在傳統童乩與鸞乩的文化環境下另有新的趨勢，是乩的同中求異，形成不同形態的新乩，同時也是異中求同，其複雜的表現形態有著共通的原型與母題，反映出民間靈感文化新的集體性的發展趨勢，綜合了傳統社會深層的原型結構，雖然保留或新創大量靈感神話，同時也注入了理性的人文關懷，肯定生命主體的存有價值。」[49]

靈乩，是一套以「心」（元神）為修練法門的系統，與天生的陰陽眼、通靈人與後天培訓出來的乩童並不相同。靈乩的修練過程稱為靈修，可解釋為本靈之修或靈魂之修，而不論是何者，都是以心修練的過程。靈乩的修練有其先天條件，以我的觀察與經驗，一般來說，四十五至四十八歲前尚未自我啟靈者，之後便很難再透過自我啟靈達到元神合一，主因是體力不足較難透過訓體、靈動方式成為辦事者——靈乩。

正因為靈修是本靈或靈魂之修，故相當重視實修，光只讀通靈、靈修文章，追求通靈、神通與仙佛對話的意境，卻忘了「珍寶在自身」，致使靈修數十年仍未能體悟靈修的奧義，這是非常可惜且本末倒置的事。

靈修 Point

勿輕忽靈性危機的力量

本章節中提到了關於修行上的靈性危機。在我看過的諸多例子中，卻是以「非自願」情況下被迫啟靈、走靈修而產生靈性危機者佔最多數，以下分享一封讀者多年前的來信：

您好：

……我學佛大約六年後，在偶然機緣下認識了臺北新店的○○寺。他們有點異於念阿彌陀佛為主的佛教叢林道場，是以觀音菩薩法門為主修，但又佛、道、密三修……開始接觸他們時，我只覺得很特別。我以前從未曾接觸過有神通的人，而在那裡則有好多，剛開始我的確是有點羨慕他們，可是正信顯教佛教不講神通，再加上聽過許多神通會導致走火入魔的傳聞，既然對這個領域不清楚，個性謹慎的我於是選擇保持距離。

多接觸了幾次之後，我發現有個會自發功的師兄常常幫人開穴，聽說有些人被開穴之後，可能會產生靈動。我看過他幫幾個人開過穴，並沒有動起來，似乎也有些人是在開了好幾次之後才動起來的，而他本身也不會靈動。

我問他為何要會靈動？他說這樣修比較快，可以得到佛菩薩的加持，又可以練身體，能量會提升很多。

對於不懂的事情，我通常都抱持著觀望的態度，多聽、多看、多觀察。比較熟之後，這位師兄和其他師兄姊也多次問我要不要開穴，說我應該是會通的體質，但我都以不確定是好是壞、擔心會產生不良影響為由拒絕了。

也許是業力感召吧！以前的我從來沒有機緣回顧這件事情的始末，經過那麼久之後再去回想，我還是不確定那是不是我這一生做過最大的錯誤決定——我所有的苦難便是從那時候開始。我甚至曾經覺得它是無止境的痛苦、無奈、沮喪、失望，隨時都想死，卻死不掉。

事情是這樣的……有個已經會靈動的師姊聽說功力很厲害，她之前就跟我說過我很特別，應該也會動。我只是聽聽，沒放進心裡，雖不排斥，但也沒像其他想要有神通的人那樣熱衷。

我這輩子的無奈便是由那一晚開始。那位師兄和會靈動的師姊都說要幫我開穴，我很害怕，所以拒絕了，但主持□□法師對我說：「不用怕，我在妳後面保護妳，不會有事的。」其他師兄也叫我不用怕，說目前為止還沒看過任何人開穴後當場就動起來的，我也不一定會動的……

於是兩人當場幫我開穴，不到幾分鐘，我開始動起來，會靈動的師姊說我最先被啟動的靈很像是「哪吒」。

就這樣……我開始靈動了！之後的這十幾年中，我的一切就只有「不順」兩字可以形容，直到現在，我的經濟狀況還是有很大的問題，在職場上也常常莫名其妙遇到小人而被排擠、被炒魷魚、公司倒閉，或是找不到工作。

……剛開始幾年，我幾乎每天都籠罩在害怕、恐懼、無助、想死的情緒中，頭幾年我還有工作，白天上班時受到的干擾比較少一些。晚上回到家後，就是痛苦的開始，總是會莫名其妙地哭，哭到歇斯底里，哭到幾乎要崩潰，哭到自己每天都嚇得要死：我是怎麼了？我明明沒有那麼多委屈啊？為何每天都傷心到無法控制呢？

○○寺的人幫不了我，甚至連主持□□法師本人或會靈動的那位師姊都不曾遇過像我這樣的狀況，他們也不了解我怎麼會這樣，只是推說：「妳自己應該能夠控制才是，不要讓外靈干擾妳。」

我很無奈，幫我開穴或說會保護我的人到後來都不了解我的情況，甚至覺得是我自己的問題，於是我不再去○○寺。我心很慌，往外求幫助，當中包括有個偶而去××寺的師兄。××寺知道了我的狀況後，好心來幫我。

後來他跟我說，觀世音菩薩說他可以收徒弟了，為了能繼續幫我，他要我拜他為師，因為師承關係他才能幫我背業力，幫我除去被外靈干擾的情形。……我於是在不情願之下拜他為師，沒想到這竟是另一個無奈的開始，我在他那兒花了超過一百二十萬臺幣，以至於現在仍在負債中。

我最後還是離開了。之後跑了一些宮廟，但卻愈跑愈嚴重，我的體質似乎像是塊吸鐵，吸附在我身上的負面磁場與靈界眾生愈來愈多，身體、精神狀況、精氣神、生活、人際關係、個性，全部都變了！

我還去參加了一些非宗教團體，例如△△門，聽說他們能幫忙治療我這種體質。不過，接觸了一年之後我還是離開了，因為我的直覺告訴我，那兒幫不了我，只會讓我的問題變得更嚴重。

之後好幾年的時間，我開始放棄自己，沒人能幫我，佛菩薩也不理我，我還是常常哭，動不動就陷在無底深淵裡無法自拔。腦袋無法集中意識，就連在夏天也覺得身體是冰冷的，只覺得自己是副還會呼吸的活死人，每天像個行屍走肉，找不到工作，提不起生命力，還曾經坐在碧潭邊哭得死去活來。

……之前常常抱怨，為何要讓他們幫我開穴，如果沒開穴，我是不是就不需要走這痛苦的十幾年？是註定的嗎？Why me？這條看似無止境的不歸路。

那天在金石堂看到您的書，我覺得您很勇敢，像我們這種體質的人大多不願意讓人知道自己的狀況，而您卻寫成書讓很多人知道。從您的書中發現，您經歷過的許多歷程我也走過，甚至走得比您還辛苦、痛苦、無助，看著您的書，我在想如果我也算是帶有先天命，那等我自然而然自己啟靈是不是就不會走得這麼苦?!您應該也跟我有同感，我們似乎很容易遇到一些跟我們類似的人。

之前遇過一個會天眼通的師姊，她說我的問題癥結之一是：我不是心甘情願，而是在半抗拒的情況下勉強為之，才會讓情形變這麼嚴重，但是真是假我也無從印證。

之前也曾經有師兄想借用我的體質，找我合開精舍幫人家處理事情，不過我拒絕了。因為我覺得辦事應該是自然而然水到渠成，而不是人為攀緣硬要把賺錢擺第一，助人擺第二。而且我不想辦事，雖然我或多或少可以幫助別人，但我有太多疑問——連自己都搞不定，要如何幫別人？

看過了您的書後，可以確定您的靈格很高、很聰明，資質很優秀，而且有很多善緣。……不知您是否能幫我？溺水之人就算是只有一根稻草也不會放棄希望，何況您不只是一根稻草。

謝謝您花時間看完我這封長長的信，諸法因緣生。我也只能隨順因緣！

祝好

〇〇〇合十

這封信突顯了宗教界的一個問題——靈修的不可思議力量已將各宗教的界線模糊化，讓外界人搞不清楚何謂佛教、道家或靈修，如信中讀者所言，坊間一些漢傳佛教也興起點靈認主與啟靈的風潮。我並不否定佛教徒走靈修，而是在主事者（法師）與當事者（信徒）未真正了解靈修之前，是否該讓靈修進入信仰，是個值得商榷的重點。

這位讀者遇到的問題並不算少數，我看過無數個與她相仿的人，在心性未穩定且非自願的情況下被迫啟靈，導致「靈性危機」的產生。靈修絕不是解脫苦難的萬靈丹，切勿以為點靈認主、走靈修、甚至啟靈後便能獲得仙佛菩薩的護佑與加持，我已經看過無數啟靈後人生更加不順遂的例子。一個正信的靈修老師必然懂得「等待時機成熟」的真理，而非一味地強迫學生、弟子啟靈，導致一連串難以平息的靈性危機。

靈乩的出現，將遙不可及的神祇更人格化，縮短了人、神、天地之間的距離。如今，靈乩的舞臺不僅僅只在民間信仰，他們在社會上也有一定的影響力。隨著文明的進步與科技的提升，人們痛苦與不安的指數也愈來愈高，在這樣的情況下，靈乩所扮演的角色正類似西方世界的心理醫師，這就是我認為，成為一名靈乩須有豐富的生活歷練、多方攝取各類知識的原因之一。何況靈乩不只能撫慰人心，還能指點個人的因果業力、身體病痛，重要性有時甚至不輸心理醫師，在這一點上，靈乩可說是充分體現了宗教的社會功能[50]。

靈乩有使命

「濟世觀是一套形而上學，實現了個體與宇宙一體化的存在原理，進而確立個體生命存在的意義與目的。這一套形而上學的組成極為複雜，巧妙地雜揉三教的形上思想，糾正某些自相矛盾的謬誤與填補某些明顯的紕漏，發展出一套適應時代與信仰需要的觀念系統。」[50]

濟世不只是一種社會服務

「濟世」不單單是靈媒、神職人員完成上天所交付的責任，事實上，任何人都可以在濟世中完成內在與世界的連結。濟世不僅是民間信仰的一種社會服務，更是信眾極為神聖的人生責任，是人類存在的終極目的，是經由信仰所激發的敬畏與嚮往之情[51]。

濟世精神不僅是民間信仰在臺灣被廣泛接受的主因，它同時也讓民間信仰穩固了其在臺灣的地位。「民間信仰之所以能夠在臺灣民間流傳廣泛，且又能夠跳脫臺灣較為大宗的東方信仰的佛教，主要的原因仍然與『濟世』有著很大的關係，靈修派的靈乩系統更是將其關係發揮到極致。靈乩的世界觀極為複雜多元，各個系統有各自不同的造神體系與宇宙論。靈乩的『神』、『神話』與『宇宙論』是一體的，並建構出特殊的神學體系與操作體系。」[52]

這套完整的世界觀不僅是神職人員、靈媒的最高任務，同時也是「個人」在民間信仰中所需完成的責任——透過傳遞聖靈的訊息，成為人、地與天之間不可取代的媒介，進而認識到更深層的自我。

「民間信仰中的濟世行為大致可分為三種性質——

第一救濟性質：重新分配有形的物質資源，進行各種資源的援助，例如施粥、奉茶等。

第二教化性質：輔導或提昇無形的精神資源，幫助眾生自我實現或心靈淨化，確立生命存在的目的與價值，如經典講座、國學講座等。

第三神聖性質：以神靈的超自然力作為濟世的資源，即以神明的靈驗來化解人間現實的苦難，經由對神明的祈禱獻祭，求得神明的憐憫與協助，完成今世與來世的圓融自在，如祭祀、祈禱、許願……等等。」[53]

「濟世」的定義非常廣泛，從滿足信徒、世間人的物質生活，到豐富人們心靈的成長，皆在範圍之內，當中的重點則圍繞在——透過濟世觀的力量和凝聚力，解脫人們生活與心靈的苦，化解人們生存於世間的苦難。在臺灣，這樣的濟世觀點並不只限於民間信仰，在其他宗教中亦能觀察到，如佛教單位、民間儒學、道學社團等等，尤其在遇到大型的天災人禍時，各宗教單位、公益團體伸出援手救助，都可算是廣義的濟世。

靈界系統的傳承

靈乩一般依附於宮壇、道場的形式底下，自然與有形的濟世（救濟、教化）與無形的濟世（神聖性質）皆有密不可分的關係，而後者——以神靈力量濟世渡俗的形式，我則將它視為另一種宗教使命。「使命」的定義往往視個人的生命意義建立在信仰的深淺度而定，當一個人認同、接受其信仰後，自然而然會將精神與信仰連繫在一起，並將生命與信仰視為生命共同體。在宗教使命的課題上，靈乩有著與其他「乩」不同的特殊意義。

「靈乩與童乩強調使命，甚至還會與乩童、或是其他宗教中介者進行比較，以此強調他們有不同的使命或天職。在會靈系統中，會認為靈乩的身分還高於乩童，靈修大略有五種方式：從乩童開始，深一層是扶鸞，再深一層是靈乩，又再深一層是天人合一，以上皆是靠外靈藉體相助；再更深一層是自性修持，乃以靈體自持修練。」[54]

靈乩修行次第是否一定高於乩童並無一定，但從使命的課題上可以很清楚地了解，靈乩不等同於乩童。

靈乩的宗教使命，不只是以神明附體的法力替人驅邪逐煞、除魔治病，還要有一套對靈界的認知系統與操作體系[55]，反觀乩童的濟世性質，並不特別強調靈界階級與復古收圓的概念，大部分聖靈降乩多以勸人向善以及為人民解惑、去病、除鬼、消災為主（扶乩的濟世性質也與乩童相符）。靈乩的養成多半建立於復古收圓、造神運動的概念底下，其造神運動不只是要建立新的信仰核心，同時也建構了其宗教活動的神話體系——根據這些神話，擴大其靈感的神聖體驗，訴諸於人神直接交會的靈性宗教活動[56]（結合神話故事和靈感經驗後，融入人神交會的宗教儀式，變成有神話支撐又具個人靈通的宗教活動）。同時，靈乩的濟世觀和宗教使命，更是以此為精神核心出發，嚴謹地發展出一套其他靈媒系統無法取代的觀點。

其中比較可惜的是，靈乩是以靈感的神話（指靈乩以個人的靈感經驗傳達神話）來激發信眾修行的使命，認為復古收圓須經由靈修來完成[57]。其使命、天命建立在幾百年前中國創世紀，一代代傳承的神話故事、末世宇宙論、末法時期等之上，這套末世宇宙論實際上是延續明代以降民間宗教的救劫運動而來，並非創新的宗教思想，靈乩只是在這樣的基本架構下擴大了仙佛的靈界世界，更強調靈與人的互動關係，讓新的造神運動與新的神話因應而生[58]。

這些創世、救世的觀點都是歷史演變下的產物，每一個靈修人都擁有自我詮釋的權利與能力，只不過，許多人企圖從東方創世紀的神話中找到修行脈絡，自我詮釋神話又常有對號入座的狀況，在這樣的情況下，套用在每個人身上自然都是適用的，這也是靈修亂象產生的最主要原因——畢竟，詮釋不等同於實踐啊！

在這樣的背景之下，靈修人常常會缺乏紮實的修行基礎與可依循的內省功夫，畢竟，神話故事是寓言性、譬喻性的，當一個人的修行次第、悟性不足時，便僅能看見神話的表面，無法了悟背後所傳遞的深層意涵。

為了追求更深的修行層次，已有許多靈乩從原本與仙佛相會、跑靈山等形式，逐漸轉向內心的修行，成為一位真正人神合一的乩——聖乩。聖乩是較抽象的概念，不是從神人感應的外在形式來分類，而是修持乩內在生命的境界，他不再是被神附身，而是人神合體的乩，是人達到神聖境界的乩[59]。由此亦可得見靈修模式的轉變，更多人希望能擺脫舊有依神話、神明而修的修行方式，朝向類似佛教內觀的向內修練，或道家性命雙修的修行次第。

靈修 Point

看不看得到鬼神，沒那麼重要！

不論是從修練過程或辦事方式來看，乩童與靈乩是完全不同屬性的神職人員。然而，我卻常常被問到：「你隨時隨地都能看到鬼與神明嗎？」

很多人以為乩童、陰陽眼、靈乩是同一類型的神職人員，都看得到、聽到得也能夠感受到無形眾生與仙佛菩薩。然而一般來說，以靈修為法門達到元神合一的靈乩，平時大多看不到、聽不到、聞不到，甚至也感應不到異度空間的存在。每當我坦白說出這個事實時，很少有人會相信我。

對於靈界的探索，靈乩是屬於主動者感應型。主動者指當心念想了解某一件事，就能轉換成另一種元神意識，轉換後的能量體可覺知到某一層級的靈界和靈體，也可以將高靈訊息投射於靈修人身上；當意識回到自身時，便再也感受不到三度空間之外的事物。靈乩並不是隨時隨地可以感應，而是透過「真元」。

別一味追求神明的世界而忽略了內心的實修

許多網友、讀者會傳給我關於前世今生、鬼神、靈修人的神奇故事，想聽聽我的看法，我只能坦白直說：「這些都是放在廚櫃裡的樣品料理，只是好看而已。滿足了短暫的眼，卻無法飽足你自己的胃。」靈修若僅著重在某層次上的儀式（拿香拜拜、擲筊、燒金紙），離靈修的真正境界尚有一段不算近的距離。

下面這段關於觀世音菩薩的美麗傳說，你一定有聽過：

觀世音菩薩於普陀山閉眼內觀時，察覺到中國某落後村鎮裡，男人忙於賭博，女人忙於閒聊與耳語，不懂禮儀，不諳教化，全鎮無一人聽聞佛法而覺悟得道。

觀世音菩薩欲以善巧的法來渡化眾生，便幻化為一位閉月羞花、眉清目秀的販魚女子，她的魚籃內不多不少僅裝著兩條魚，當有人上前購買時，女子便詢問對方為何買魚？當村民表示欲購魚料理時，女子便搖搖頭表示：「魚僅賣給願意放生之人。」想當然爾，魚籃內的魚從未被人買走。

一日復一日，鎮上男子無一不拜倒在這位美麗女子的石榴裙之下。某日，一名男子注意到女子每日帶來的兩條魚都與之前相同，還一直活蹦亂跳，於是升起了好奇心。

於此同時，美麗女子依然日出沿街賣魚，日落前便從村鎮裡消失。一日清晨，街道上擠滿了已婚、未婚的男子，等待著美麗女子的到來。她一出現，所有男人蜂擁而上，表達自己的愛慕之情，大膽求愛。女子沉默不語半刻後表示：「我一名女子，是要如何同時嫁給在場所有男子呢？」因此，她出了一個考題：若有人能在隔日早晨背頌《普門品》，她便下嫁給他。

第二天清晨，昨天在場的男子半數多能背誦《普門品》，美麗女子再度表示，依然不可能嫁給這麼多男子，但若有人能正確無誤地解釋《普門品》且背誦《金剛經》全本，便下嫁予他。第三天，只剩下少數男子能正確解釋《普門品》之精髓，美麗女子微笑表示，仍有不少男子通過考試，假使三天後自認能將《普門品》之精要融入生活中且背誦出《法華經》全本，便下嫁予他。

三天過去了，最後僅剩一位名為「馬郎」的男子能背誦《金剛經》、《普門品》與《法華經》，並將《普門品》之精髓貫徹於心。美麗女子依約下嫁給馬郎，並請他隔日晚上前往她位在河邊的小屋。

隔天傍晚，馬郎來到小屋前卻不見美麗女子，他進屋一探，只見到美麗女子的衣物與一雙鞋子。馬郎又走到河邊，望著遠方的蘆葦與河景，憶起了《金剛經》、《普門品》與《法華經》裡的種種。

觀世音菩薩見時機成熟，便幻化為一名和尚前去點化馬郎，經由和尚的善誘導，他立即開悟了宇宙之美與涅槃之意——這就是魚籃菩薩的由來與事跡。

這則美麗的故事流傳於中國佛教信仰中千百年，觀世音菩薩是否真實存在，已經不是那麼重要，這則故事要提點我們的是——觀世音菩薩之願無遠弗界，聞聲救苦，願每一個人都能體悟，觀世音菩薩的愛是大乘、是普世間的愛，當你細細地留心與體悟，便能在世間看見觀世音菩薩之願。

仙佛的存在意義，是為了幫助我們淨化內心，神明的世界是我們內在世界的放大，假使本末倒置地一味追求仙佛世界而忽略了內心的實修，我們終將失去「心」的力量，失去看見內在實相的能力，靈修的本質亦是如此，切記。

結語

發自內心的幸福

當你一字一字地仔細閱讀完這本書後，相信已經了解靈修的基本輪廓。

靈修的基本輪廓

在本書最後，容我再次做個重要整理：

・靈乩養成系統沒有絕對性

在臺灣，較多人會將靈修與瑤池母娘系統中會靈、跑靈山、特赦因果、靈動等修行方式畫上等號，然而，除了瑤池金母慈惠堂、小眾的東王公系統，尚有許多新興的靈修模式正在崛起，其中有些來自私人的宮廟道場。

另一個詭譎的現象是，現今許多團體自稱為佛教團體，卻加入了啟靈、接主靈、接靈脈、赦因果的修行方式。我們不難發現——靈修已不再侷限在宗教信仰中，日後有可能發展出屬於個人、更為小眾的信仰模式。

・靈乩養成以神話為起點，以自身信仰與生活歷練為輔

在民間信仰中集聚信徒、弟子信仰力最主要的元素，除了靈驗度之外，神話故事亦是重要的成分之一。靈修人在成為一名靈乩前，不論其養成系統與依循的神話為何，都會因為個人的觀念、信仰認同度及對民間信仰不同角度的詮釋，而影響日後的靈乩養成。

我在靈修路上，初期是以瑤池金母為主要信仰神，在靈乩養成中亦遵循跑靈山、煆身與會靈等模式，後期融入了南傳佛教的內觀、安般念呼吸以及瑜伽等。我並不反對跑靈山、會靈、煆身，卻建議每一位靈修人應對靜坐、內觀與呼吸法有基本認知，在靈修過程中才不致受到世俗、紅塵干擾而導致心性不專一。

靈乩養成沒有固定模式，最終回歸人的內心和觀念。**神話故事是靈修人進入靈乩養成的一張註冊單，至於其養成過程，端視靈修人本身的自由選修，因此畢業後的發展、心性養成仍會有相當大的個別差異。**

・靈乩養成並非一定要進入民間信仰

許多靈修人成為靈乩都經歷過一段無法向外人言說的密契經驗，在這之前，有許多人並未接觸過民間信仰——此現象說明了密契經驗與民間信仰之間並沒有太大的關聯，只是這種不可解釋的密契經驗會促使他們從民間信仰中尋找答案，東方創世紀及復古收圓的神話則驅

使他們走入靈修世界。這也突顯出另一個現象：煆身（靈動）現象不一定是宗教催化之下的結果。

你幸福嗎？

我相信，當民間信仰隨著時代推演而變遷，未來靈乩養成與靈修模式也勢必會呈現出更不一樣的風格與變化。

「如果有人問：『什麼是人類生活的主要關懷？』我們得到的答案之一可能是：『幸福。』如何獲得幸福、如何保有幸福、如何恢復幸福，事實上是任何一個時代，大部分人情願做的、情願忍受一切事物的神祕動機，……尤其在宗教生活中，幸福與不幸福似乎成為其興趣所環繞的兩極。……但我們必須承認，任何持續的喜樂都可能產生一種宗教，這種宗教出於感恩的讚頌，因為他將幸福的生命視為一種饋贈。即然宗教與幸福有這樣的關係，那麼，人們將一個宗教信仰所能提供的幸福做為這個信仰真實的證據，也就不會讓人感到訝異。」1

靈修在臺灣民間信仰中是一種新的模式，卻不脫離宗教的意涵。靈修尚「年輕」，還有一段漫長的路要走，它在民間信仰中扮演著為人解惑、安撫人心的角色；從其濟世觀來看，每位靈乩總要在其中尋找屬於自己的使命感，也因此讓修行有了各種不同的色彩，這正是靈修派與其他信仰最不同的特色之一。但無論如何，靈修最終應該是帶給人們發自內心的幸福，並將此幸福感放大，進而影響身邊的人。

最後，分享一段話勉勵每一位走在靈修路上的讀者，那是印度已逝的葛印卡老師在二〇〇〇年於「千禧年世界和平高峰會議」所說的：

「……每個宗教都具有外在的形式表象以及內在的本質核心。外在形象包括儀式、禮儀、慶典、信仰、神話與教條，這些依各宗教而異。但所有的宗教都有一個共同的內在核心，就是道德與善行的普遍性教誨、富有紀律與充滿愛、慈悲、善意與寬容的純淨心靈……」

自在快樂，同時修習到智慧、慈悲與福田

靈修並不侷限於任何形式，更不會僅只有道場、宮壇才能修練。當一個人能把從靈修中獲得的一絲絲心法運用到生活裡，就是真正的靈修修行。

近幾年來，我教導過許許多多的靈修人去認識靈修，也從各種角度切入靈修領域，諸如深層內觀瑜伽、正念美學、靈修觀念分享會……其最終的核心都是要提醒人們——靈修不是只有神鬼與點靈認主，它是要帶領你開拓更寬廣的人生。曾有讀者以為，我的靈修觀一定非常重視元神修練，其實，我更重視的是生活的修行。

有個案曾問我，她在無意識間靈動、說靈語，害怕到宮壇修行會被騙，因為多年來聽過太多人說她是魔或冤親債主附身，所以問我，想靠靈修達到自修的第一步是什麼？我告訴她：「正念與靜坐。」去正信的佛教或內觀中心學習安般念、內觀、禪坐吧！打坐是培養專注力與定力，缺乏這兩項能力的靈修走不長久，而就算沒有走靈修，專注力與定力也對生活有極大的幫助。

靈修世界非常大，但最終你都得扣緊心和生活去走靈修。如果一個人無法將靈修中獲得的力量運用在日常生活中，那就是白白糟蹋了靈修這珍貴的法門。

最後，煩請耐心聽宇色再嘮叨一次，分享一則讀者多年前的來信，來當成這本書的終結與叮嚀。

宇色老師您好：

我想要了解關於修行上的建議，接觸靈修一年多了，但對很多事都有極大的困惑。無論是人或團體所教導的靈修意義，似乎都不能解答我心中的問題，反而使我內心更加無法平靜。

我愈來愈抗拒靈動，這段時間以來，我的獲得並不是來自於靈動，而是從生活中或人與人之間的互動而學習到的。我始終覺得，在心沒修好之前，除了把靈動當成運動外，並沒有太大的意義，因為我既不想成為通靈人，也不想要藉由靈動協助辦事，在我的認知裡，這不是唯一可以助人的方式——利益眾生之事，大則像聖嚴法師，小也可以是在路邊撿起一枚垃圾。然而，當老師的教導與我這樣的想法產生落差時，心境上的衝突便由此而生。

我畢竟是入了這位老師的法門，一直以來也「相信」老師永遠是對的，雖然看到了老師的某些作風，我仍舊不敢妄下斷語，畢竟我不是神佛，無以評斷是非對錯，何況又有什麼是絕對的錯與對呢？又或許是個性使然，以及一年前入弟子時對菩薩承諾要跟隨這位老師、利益眾生，我掙扎、猶豫、懷疑，陷入各種矛盾的心情當中，也深知在這樣的心境下根本無法專心平靜的修好內心。

直到這幾天同修友人給我看了宇色老師的其中一篇文章，我感動得幾乎落淚，因為在我心中，我想要追隨的老師，應該要具備文章裡所提到那些特質才對！也因為這篇文章，我想我已經不需要老師了，因為人生中處處是老師。

於是關於接下來的決定（原本團體的去或留），以及往後對修行該有的態度和做法，還請宇色老師賜教。

在此就不再打擾了，靜候宇色老師的回音。

○○　二○一二年十二月一號

關於她的來信，你是如何看呢？我是這麼回覆的：

靈修不是在爛蘋果上面塗上糖衣，反而是像剝洋蔥一樣，一層又一層地向內在剝開。……一個真正懂得自己、願意接納自己的人，總有一天能夠學習到如何不受外境影響，跳脫生活紅塵的紛紛擾擾，尋求到一顆平靜的心。

如何從靈動、靈修中真誠地看見自己的心性，並接受它、改變它，是需要靠後天的努力與智慧——不要小看靈修背後所隱藏的真諦，它絕不僅建立在靈動與通靈之上，通靈與靈動只是靈修過程中的附屬品，而非核心價值。靈動只是健身而已，假使啟靈後已經一年，而每次靈動都只是「動」，便代表已經著相（執表相而偏離本）了……祂們所給予的心法，絕非僅限於「動」。

妳表示：「我既不想成為通靈人，也不想要藉由靈動協助辦事……利益眾生的行為，大則像聖嚴法師……」

我個人看法是，靈修是要從種種不可思議的經驗觀察到內心的不平靜，當內心遇見紅塵時，能以平靜心看待，便是靈修的高層修心。助人無需靈修，只要有心皆能助人，假使妳已經在生活俗事中，不受外境影響隨時以平靜心看待，是否要以靈修為修行方式，已不是重點，而是妳自己的選擇罷了。

靈修不是捷徑，會靈動也不代表一定要走靈修，只要有正確的宗教觀念與生活修，這便是很好的修心方式。假使靈修造成內心的壓力，就把它放掉。任何在內心產生抗拒（不同於壓力喔）的修行方式，或許就是不適合我們。

妳的信中提到：「一直以來『相信』老師永遠是對的，可是……我不是神佛，無以評斷是非對錯……」

老師會犯錯嗎？當然會，老師和我們都是人，既然是人，就有主客觀與心念的問題。不要把老師當成聖人，一個好的老師，應該教導學生如何去認識自己、從修行中建立起自己的自信，而不是一味地要學生認同自己的法門。佛陀在世的教導方式亦非要求學生認同祂，而是要學生認識自己。

修行要點是：自在又快樂，同時修習到智慧、慈悲與福田。

智慧，是讓我們在紅塵俗世中看透事物。

慈悲，讓我們能以同理心對待每一個人。

福田，透過耕耘福田來修習內心慈悲與智慧。

太多名相與約束的修行方式，並無法達到靜心的境界。因此，請想一想，這一路走來妳有獲得以上的心境嗎？

這答案，得靠妳自己思考。

宇色

三大表格總複習

靈乩與乩童之差異關係表

乩的類型 / 修練養成模式	靈乩	乩童
❶成為乩的起源	不論是自願性或非自願性，大多與神明捉乩沒有關係，絕大部分是因為自身發生了不可解釋的密契經驗	非自願者大多是因神明捉乩而成為乩童，至於自願者，則是因主動接觸民間信仰，或從小訓練起
❷性別	發生密契經驗或煆身現象而進入靈修者並無特定的性別限定	童乩以男性為大宗[1]
❸修練方式	煆身、會靈、跑靈山	操五寶、坐禁
❹表現方式	說靈語、唱靈歌、跳靈舞、靈動、寫天文	視附身在乩童身上的仙佛形象而定
❺辦聖事前的儀式	毋需特別起乩儀式	分為文乩與武乩兩者，前者毋需特定形式，後者須有焚香、祝禱等儀式
❻辦聖事時間和地點	除了固定宮壇的時間，任何地點都可以進行[2]	大多得在常駐或自己所開設的宮壇

⑦辦聖事方式	意識清楚，保持絕大部分人的意識	新乩較少有個人意識，大多是在意識不清的情形之下辦事，老乩則個人意識較多
⑧辦聖事以及在修練之下自我控制程度	成為一名靈乩後，大多可以在自由意識下決定是否辦事或持續修練	當神明捉乩或是辦聖事時，較無自我意識也無自我控制的能力
⑨後續的修練發展	初期辦聖事時必須與仙佛意識交感，後期則成為與仙佛合一的聖乩	視個人情況而定，有些在初期須藉由外靈附身辦事，有一些則是在後期逐漸轉變成以意識與仙佛交感，再也無須被神明附身[3]
⑩與信徒之間的關係	因靈乩辦聖事前後並無太大的差別，因此，在無辦聖事時，信徒依然以尊敬心對待靈乩	一般情況下，乩童在辦聖事前後有較大差別，也因此，信徒看待未辦事時的乩童與對待一般人並無不同
⑪宗教領袖特質	靈乩大多會因為個人修練方式和其系統不同（前項尤其關鍵），而比較常被信徒、弟子視為某一新興宗教的領袖，例如林千代、三霞二黃，以及盧勝彥等等	大部分乩童的靈驗度須視附身的仙佛而定，因此，較難以個人特質與修為成為某一新興宗教的領袖
⑫個人後期發展	成為一名正式的靈乩後，其個人特質都會非常明顯，到後期不論是否繼續辦事，其個人特質仍然會受到後人的矚目	當乩童從新乩成為老乩後，失去了神明的加持與光環，同時因失去了靈驗度，信徒也逐漸銳減

傳統會靈山靈修模式與自修型靈修模式比較

修練養成模式＼靈修模式	傳統會靈山靈修模式	自修型靈修模式
會靈山	以瑤池金母系統為主，會靈山為主要的靈修模式；東王公系統則不鼓勵	要先修心中的靈山（靜坐以求心靜平和），再求外在靈山
靈語、天文	主要的表現方式	不特別強調
煆身（訓體）	主要的表現方式	認為煆身是修練身體的方法之一，藉由訓體達到身、心一致性
靈駕身	認為煆身過程中會有仙佛附身訓體	並不認為仙佛常有附身降乩的現象
宗教觀	融合當今宗教常有的末法時期，以瑤池金母復古收圓的神話為主	以瑤池金母復古收圓與末法時期為初入靈修時的宗教信仰觀，後期融合了屬於自己特有的思想
主要信仰神	以至上神為主，例如瑤池金母、三清道祖、東木公、無極老母	純以自己初期親近的神祇或接觸的修行道場為主，除了至上神之外，觀世音菩薩、濟公等皆為常見神祇
價值觀	以修行道場所教導為主要的信仰價值	融合較多自己的思維與價值觀，在後期如有接觸不屬於民間信仰的宗教，會再將其新的思維融入信仰中
後期發展	大多傳承原接觸的道場	較多元化且具個人色彩

瑤池金母與東王公之靈修模式差異

修練養成模式／靈修模式	瑤池金母	東王公
會靈山	以瑤池金母系統為主，會靈山為主要的靈修模式	東王公系統不鼓勵會靈山
信仰精神	著重在外在形式上的修練	著重在內在心性上的修為
發展趨勢	以慈惠堂與勝安宮為主要精神信仰中心，向外擴散已超過上千家分堂	以早期三霞二黃為主，但後期有式微的現象
代表人物	林千代、盧勝彥、蘇烈東	黃美霞、黃阿寬
靈修模式（次第）	講求會靈、跑靈山之依循，例如五母五老等，讓後人在會靈山時有依循的方向	將乩區分為乩童、靈乩與聖乩，讓靈修人明瞭「乩」的差別
靈修貢獻	在民間信仰中揭開另一波膜拜至高神之風潮	成立臺灣靈乩協會

註釋 Notes

前言〉找到你的修行路

1 其理論認為每一個人都有一個「本靈」（或稱「元靈」），它是先天不受汙染的，靈修的目的就是要讓本靈恢復本來面目，達到解脫境界。丁仁傑，〈會靈山現象的社會學考察：去地域化情境中民間信仰的轉化與再連結〉，《宗教教義、實踐與文化：一個跨學科的整合研究學術研討會》，二〇〇四年，頁六。

2 為順暢，信件內容有稍加修潤過。

3 文化相對論（cultural relativism）由美國人類學家——法蘭茲・鮑亞士（Franz Boas）所提出，取自維基百科。

4 林冠群，〈「我族中心主義」與「文化相對論」——現代大學生應有的素養〉，《止善》第四期（臺中：朝陽科技大學通識教育中心，二〇〇八年六月），頁一七。

5 布蘭特・寇特萊特（Brant Cortright）著，易之新譯，《超個人心理治療：心理治療與靈性轉化的整合》（臺北：心靈工坊，二〇〇五年），頁二〇二。

6 截至二〇一六年五月止，共出版七本書，三本塔羅牌相關書籍，以及四本與本研究有關的靈修、拜拜書籍，分別是《我在人間與靈界對話》、《我在人間的靈界事件簿》、《靈驗！我在人間看見拜拜背後的祕密》、《靈驗2・我在人間發現拜拜真正的力量》。

7 丁仁傑，〈會靈山現象的社會學考察：去地域化情境中民間信仰的轉化與再連結〉，《宗教教義、實踐與文化：一個跨學科的整合研究學術研討會》，二〇〇四年，頁七。

8 李峰銘，〈如入靈山不為動：淡水無極天元宮之靈乩觀點的一種揭示〉，《二〇〇八宗教經典詮釋方法與應用》（臺北：真理大學宗教學系，二〇〇八年），頁一一三。

9 瞿海源，〈臺灣的新興宗教〉，《二十一世紀》，二〇〇二年，頁一〇八。

10 陳杏枝，〈新興宗教團體與社區研究〉，《二十一世紀》，二〇〇二年十月號，頁一三一。

11 鄭志明，〈臺灣遊記類鸞堂書所顯示之宗教趨勢〉，《臺灣新興宗教現象——扶乩鸞書篇》（嘉義：南華管理學院，一九九八年），頁二一一。

12 董芳苑，《探討臺灣民間信仰》（臺北：常民文化，一九九六年）。

13 丁仁傑，〈會靈山現象的社會學考察〉，《宗教教義、實踐與文化：一個跨學科的整合研究學術研討會》，二〇〇四年，頁一二。

14 鄭志明，〈臺灣「新興宗教」的定義問題〉，《臺灣新興宗教現象——傳統信仰篇》，一九九九年，頁一〇～一一。

15 林揚傑，《全球治理思潮對韋伯官僚行政理論的挑戰：我國考銓系統制度轉型的個案研究》（臺北：中國文化大學政治學研究所博士論文，二〇一〇年），頁二七。

1 黃秀媛，《會靈活動與心靈動能研究》（宜蘭：佛光大學生命學研究所碩士論文，二〇〇七年），頁三七。

2 林佩瑜，《信仰與體現——靈乩的身體實踐》（臺北：臺北市立體育學院舞蹈研究所碩士論文，二〇一二年），頁六四。

3 同前，頁六五～六六。

4 同前，頁六九。

5 同前，頁七一。

6 參丁仁傑，〈會靈山現象的社會學考察：去地域化情境中民間信仰的轉化與再連結〉，《宗教教義、實踐與文化：一個跨學科的整合研究學術研討會》，二〇〇四年四月，頁六：本靈被認為是屬於某個或多個靈脈，如金母的靈脈、地母的靈脈或九天玄女靈脈等。所謂的靈脈，也就是靈與靈之間的關聯性，在某些靈之間關係可能會特別密切，這便是屬於同一個靈脈。

7 林佩瑜，《信仰與體現——靈乩的身體實踐》（臺北：臺北市立體育學院舞蹈研究所碩士論文，二〇一二年），頁七四。

8 同前，頁七二。

9 同前，頁七三。

10 林佳芃，《從求助到助人——靈乩的生命成長》（臺北：淡江大學教育心理與諮商研究所碩士論文，二〇〇五年），頁八八～八九。

11 許雅婷，《母娘與祂的兒女——慈惠石壁部堂宗教人的經驗世界》（花蓮：國立東華大學族群關係與文化研究所碩士論文，二〇〇二年），頁三四。

12 鄭志明，〈臺灣遊記類鸞堂書所顯示之宗教趨勢〉，《臺灣新興宗教現象——扶乩鸞書篇》（嘉義：南華管理學院，一九九八年），頁二〇二。

13 林佳芃，《從求助到助人——靈乩的生命成長》（臺北：淡江大學教育心理與諮商研究所碩士論文，二〇〇五年），頁三五。

14 黃秀媛，《會靈活動與心靈動能研究》（宜蘭：佛光大學生命學研究所碩士論文，二〇〇七年），頁八三。

15 李峰銘，《靈山仙境：論淡水無極天元宮的空間神學》（臺北：輔仁大學宗教學系碩士論文，二〇〇六年），頁四七。

16 李峰銘，〈如入靈山不為動：淡水無極天元宮之靈乩觀點的一種揭示〉，《二〇〇八宗教經典詮釋方法與應用》（臺北：真理大學宗教學系，二〇〇八年），頁一二一。

17 宇色，《我在人間與靈界對話》（臺北：柿子文化，二〇一一年），頁二六八。

18 丁仁傑，《社會分化與宗教制度變遷》（臺灣：聯經出版公司，二〇〇四年），頁一九五。

[19] 聖尊蓮花生活佛盧勝彥應邀臺灣黃帝雷藏寺主持「瑤池金母水供法會」（http://blog.udn.com/Johny999/7311271）

[20] 彭盈潔，《石壁部堂林千代生命史》（花蓮：國立東華大學臺灣文化學系碩士論文，二〇一一年），頁一。

[21] 負責口述的蕭添妹師姑，是石壁部堂的師姑，為創廟元老之一。她與林千代師姑為年輕時就相識的友人，婚後又共同在石壁部堂同為辦事師姑，共事四十餘年。整理引述自《石壁部堂林千代生命史》。

[22] 口述為蔡宗宏先生，是林千代的第二位徒弟，家中的道場稱為石壁分堂。引述自《石壁部堂林千代生命史》。

[23] 丁仁傑，〈對於盧勝彥真佛宗教團的一個初步介紹〉，《社會分化與宗教制度變遷》，頁五四九。

[24] 此位讀者應是聆聽華人網路心靈電臺「拜母娘是否有錢」的內容後寫信給我，有興趣的朋友歡迎上youtube搜尋「拜母娘會有錢」。

貳〉靈修從何而來？

[1] 李峰銘，《靈山仙境：論淡水無極天元宮的空間神學》（臺北：輔仁大學宗教學系碩士論

文，二〇〇六年），頁五。

2 鄭志明，《臺灣新興宗教現象——傳統信仰篇》（嘉義：南華管理學院，一九九九年），頁一七五。

3 毛新春，〈宗教信仰對末期癌症病人的意義〉，《宗教與民俗醫療學報》（臺北：大元書局，二〇〇五年），頁一一八。

4 鄭志明，〈道教生死觀——「不死」的養生觀〉，《歷史月刊》，一三九期，一九九九年，頁五三～五八。

5 歐文・亞隆，〈兒童對死亡的概念〉，《存在心理治療（上）》（臺北：張老師文化，二〇一二年），頁一四九。

6 同前，頁二二九。

7 歐大年（美），〈民間佛教的樣式：信仰與神話〉，《中國民間宗教教派研究》（上海：古籍出版社，一九九三年），頁一七八。

8 同前，頁一七〇。

9 同前，頁一〇〇。

10 同前，頁一二五。

11 馬西沙・韓秉方，《中國民間宗教史（下冊）》，（北京：中國社會科學出版社，二〇〇四年），頁八一六。

12 秦寶琦，〈民間祕密教門的信仰核心〉，《邵陽學院學報》，二〇〇二年一期，http://www.Pacilution.com/ShowArticle.asP?ArticleID=3921。

13 宋道發／劉光本，〈三陽劫變——思想淺析〉，《宗教學研究》第一期，二〇〇三年一月，頁八二。

14 馬西沙・韓秉方，《中國民間宗教史（下冊）》，（北京：中國社會科學出版社，二〇〇四年），頁六九八。

15 宋道發／劉光本，〈三陽劫變——思想淺析〉，《宗教學研究》第一期，二〇〇三年一月，頁八四。

16 蔡秀鳳，《臺灣慈惠堂瑤池金母信仰研究》（宜蘭：佛光大學生命學研究所碩士論文，二〇〇七年），頁九九。

17 同前。

18 出自《瑤命皈盤》第二十回，由法華山慈惠堂之創建者羅臥雲先生所著，記載著瑤池金母初降時之事，成書於民國五十六年，http://pinguhuang.myweb.hinet.net/menu-05/menu-05-11-20.htm。

19 同前。

參〉靈修的界「后vs.帝」之爭

1 陳逸君，〈被遺忘的東王公——從人類學角度的考察〉，《第二屆道教與民俗學術研討會》（海峽兩岸東王公西王母信仰學術研究研討會論文集），二〇〇八年十一月，頁一九〇。

2 丁仁傑，〈會靈山現象的社會學考察：去地域化情境中民間信仰的轉化與再連結〉，《宗教教義、實踐與文化：一個跨學科的整合研究學術研討會》，二〇〇四年，頁七。

3 李峰銘，《靈山仙境：論淡水無極天元宮的空間神學》（臺北：輔仁大學宗教學系碩士論文，二〇〇六年），頁三八。

4 丁仁傑，〈會靈山現象的社會學考察：去地域化情境中民間信仰的轉化與再連結〉，《宗教教義、實踐與文化：一個跨學科的整合研究學術研討會》，二〇〇四年，頁六。

5 李峰銘，《靈山仙境：論淡水無極天元宮的空間神學》（臺北：輔仁大學宗教學系碩士論文，二〇〇六年），頁六九。

6 李峰銘，〈如入靈山不為動：淡水無極天元宮之靈乩觀點的一種揭示〉，《二〇〇八宗教經典詮釋方法與應用》（臺北：真理大學宗教學系，二〇〇八年），頁一一八。

7 同前，頁一一三～一一五。

8 宇色，《我在人間與靈界話》（臺北：柿子文化，二〇一一年），頁二六三。

9 黃秀媛，《會靈活動與心靈動能研究》（宜蘭：佛光大學生命學研究所碩士論文，二〇〇七年），頁八五。

10 同前，頁八六。

11 同前，頁八七。

12 同前，頁八九。

13 同前，頁九一。

14 宇色，《我在人間與靈界對話》（臺北：柿子文化，二〇一一年），頁二五一。

15 蔡秀鳳，《臺灣慈惠堂瑤池金母信仰研究》（宜蘭：佛光大學生命學研究所碩士論文，二〇〇九年），頁一三〇。

16 出自《瑤命皈盤》三十三回，http://pinguhuang.myweb.hinet.net/menu-05/menu-05-11-33.htm。

17 彭盈潔，《石壁部堂林千代生命史》（花蓮：國立東華大學臺灣文化學系碩士論文，二〇一一年三月），頁三四。

18 許雅婷，《母娘與祂的兒女——慈惠石壁部堂宗教人的經驗世界》（花蓮：國立東華大學族群關係與文化研究所碩士論文，二〇〇二年），頁三九。

19 丁仁傑，〈會靈山現象的社會學考察：去地域化情境中民間信仰的轉化與再連結〉，《宗教教義、實踐與文化：一個跨學科的整合研究學術研討會》，二〇〇四年，頁一三。

20 林佩瑜，《信仰與體現——靈乩的身體實踐》（臺北：臺北市立體育學院舞蹈研究所碩士論文，二〇一二年），頁一二。

21 同前，頁一五。

22 鄭志明，《臺灣民間宗教論集》（臺北：臺灣學生書局，一九八四年），頁六六。

23 同前，頁六六。

24 鄭志明，《道教生死學》（臺北：文津出版社，二〇〇六年），頁一。

25 鄭志明，《臺灣民間宗教論集》（臺北：臺灣學生書局，一九八四年），頁六六。

26 釋念慧（謝明哲），《母娘信仰之身體性、情感性與神職性——以花蓮法華山慈惠堂為例》（花蓮：慈濟大學宗教與文化研究所碩士論文，二〇一一年），頁二四。

27 同前，頁二二。

28 同前，頁三六。

29 陳立斌，《臺灣慈惠堂的鸞書研究》（臺北：輔仁大學宗教學系碩士論文，二〇〇四年），頁二〇三。

30 鄭志明，〈臺灣母娘信仰的在地化發展〉，《王母信仰文化世界學術研討會》（國立東華大學民間文學研究所等主辦，二〇〇九年），摘錄自：http://www.folk.org.tw/hualien/default-5.html。

31 釋念慧（謝明晢），《母娘信仰之身體性、情感性與神職性——以花蓮法華山慈惠堂為例》（花蓮：慈濟大學宗教與文化研究所碩士論文，二〇一一年），頁一。

32 陳立斌，《臺灣慈惠堂的鸞書研究》（臺北：輔仁大學宗教學系碩士論文，二〇〇四年），頁二三五。

33 鄭志明，〈臺灣母娘信仰的在地化發展〉，《王母信仰文化世界學術研討會》（國立東華大學民間文學研究所等主辦，二〇〇九年），頁二三六。

34 同前，頁二三七。

35 資料取自世界宗教入口網：http://www.wrsn.com.tw/religious-texts/B/14.htm（見於二〇一四年六月十九日）。

36 陳逸君，〈被遺忘的東王公——從人類學角度的考察〉，《第二屆道教與民俗學術研討會》（海峽兩岸東王公西王母信仰學術研究研討會論文集），二〇〇八年十一月，頁二〇九。

37 鄭志明，〈臺灣「新興宗教」的定義問題〉，《臺灣新興宗教現象——傳統信仰篇》一九九九年，頁三四。

38 陳立斌，《臺灣慈惠堂的鸞書研究》（臺北：輔仁大學宗教學系碩士論文，二〇〇四年），頁二八〇。

39 蕭登福，〈男仙之首、元陽祖氣、日君神格的東王公及其神格轉變〉，《世界宗教學刊》，第十三期二〇〇九年六月，頁二四。

40 陳逸君，〈被遺忘的東王公——從人類學角度的考察〉，《第二屆道教與民俗學術研討會》（海峽兩岸東王公西王母信仰學術研究研討會論文集），二〇〇八年十一月，頁一九〇。

41 同前，頁二六。

42 李峰銘：〈如入靈山不為動：淡水無極天元宮之靈乩觀點的一種揭示〉，《二〇〇八宗教經典詮釋方法與應用》（臺北：真理大學宗教學系，二〇〇八年），頁一一三。

43 鄭志明，〈善書與臺灣的鬼神信仰〉（新北：世界宗教博物館演講），二〇一二年。

44 李峰銘：〈如入靈山不為動：淡水無極天元宮之靈乩觀點的一種揭示〉，《二〇〇八宗教經典詮釋方法與應用》（臺北：真理大學宗教學系，二〇〇八年），頁一一六。

45 陳逸君，〈被遺忘的東王公——從人類學角度的考察〉，《第二屆道教與民俗學術研討會》（海峽兩岸東王公西王母信仰學術研究研討會論文集），二〇〇八年十一月，頁二一〇。

46 鄭志明，〈臺灣靈乩的宗教形態〉，《宗教與民俗醫療學報》（臺北：輔仁大學宗教學系臺灣民間宗教學術中心，二〇〇五年）。

47 鄭志明，《臺灣民間宗教論集》（臺北：臺灣學生書局，一九八四年），頁一三六。

48《靈山仙境：論淡水無極天元宮的空間神學》（臺北：輔仁大學宗教學系碩士論文，二〇〇六年），頁四六。

49 同前，頁四四。

50 李峰銘，〈如入靈山不為動：淡水無極天元宮之靈乩觀點的一種揭示〉，《二〇〇八宗教經典詮釋方法與應用》（臺北：真理大學宗教學系，二〇〇八年），頁一二一。

51 同前，頁一二〇。

52 同前，頁一一六。

53 張二文，《從世俗到神聖——六堆客家鸞堂鸞生養成傳承紀實之研究》（行政院客家委員會九十八年度獎助客家學術研究，二〇〇九年），頁八。

54 作者不詳，《靈修手冊——無極皇媽娘娘》，二〇〇四年編印，頁八。

55 此二段整理自：彭盈潔，《石壁部堂林千代生命史》（花蓮：國立東華大學臺灣文化學系碩士論文，二〇一一年），頁二〇五。

56 二〇〇〇年八月二十九日葛印卡於聯合國大會廳舉辦的千禧年世界和平高峰會議，對與會人士的演說全文。

肆〉奇幻靈修界裡的靈乩

1 鄭志明，〈臺灣靈乩的宗教形態〉，《宗教與民俗醫療學報》（臺北：輔仁大學宗教學系臺灣民間宗教學術中心，二〇〇五年），頁二一。

2 朱存明，《靈感思維與原始文化》（上海：學林出版社，一九九五年），頁一〇。

3 鄭志明，〈巫術文化的哲學省思〉，《第七屆儒佛會通學術研討會》（新北：華梵大學，二〇〇三年），頁六七。

4 宋兆麟，《巫覡——與鬼神之間》（北京：學苑出版社，二〇〇一年），頁一〇五。

5 摘錄自網路資料〈靈媒、童乩與女巫〉，《基督教與中國文化（十一）》，見於二〇一四年六月十九日。

6 張光直，《考古學專題六講》（臺北：稻鄉出版社，一九九八年），頁二三。

7 鄭志明，〈臺灣靈乩的宗教形態〉，《宗教與民俗醫療學報》（臺北：輔仁大學宗教學系臺灣民間宗教學術中心，二〇〇五年），頁一。

8 苗啟明、溫益群，《原始社會的精神歷史架構》（雲南：雲南人民出版社，一九九三年），頁一六二。

9 鄭志明，〈巫術文化的哲學省思〉，《第七屆儒佛會通學術研討會》（新北：華梵大學，二〇〇三年），頁六九。

10 同前，頁一一九。

11 鄭志明，〈「乩示」的宗教醫療〉《第三屆宗教信仰與儀式研討會》（臺北：輔仁大學，二〇〇三年），頁三。

12 同前，頁六。

13 鄭志明，〈臺灣靈乩的宗教形態〉，《宗教與民俗醫療學報》（臺北：輔仁大學宗教學系臺灣民間宗教學術中心，二〇〇五年），頁三。

14 鄭志明，〈「乩示」的宗教醫療〉，《第三屆宗教信仰與儀式研討會》（臺北：輔仁大學，二〇〇三年），頁九。

15 同前，頁一〇。

16 作者不詳，《探臺灣道教丹鼎派中之靈乩》，二〇一四年五月五日。

17 李峰銘，〈如入靈山不為動：淡水無極天元宮之靈乩觀點的一種揭示〉，《二〇〇八宗教經典詮釋方法與應用》（臺北：真理大學宗教學系，二〇〇八年），頁一一七。

18 李峰銘，《靈山仙境：論淡水無極天元宮的空間神學》（臺北：輔仁大學宗教學系碩士論文，二〇〇六年），頁四九。

19 李峰銘，〈如入靈山不為動：淡水無極天元宮之靈乩觀點的一種揭示〉，《二〇〇八宗教經典詮釋方法與應用》（臺北：真理大學宗教學系，二〇〇八年），頁一一一。

20 王雯鈴，《臺灣童乩的成乩歷程——以三重童乩為主的初步考察》（臺北：輔仁大學宗教學系碩士論文，二〇〇四年），頁四。

21 同前，頁一一九。

22 李峰銘，〈如入靈山不為動：淡水無極天元宮之靈乩觀點的一種揭示〉，《二〇〇八宗教經典詮釋方法與應用》（臺北：真理大學宗教學系，二〇〇八年），頁一二〇。

23 林佳芃，《從求助到助人——靈乩的生命成長》（臺北：淡江大學教育心理與諮商研究所碩士論文，二〇〇五年），頁一二六。

24 李峰銘，〈如入靈山不為動：淡水無極天元宮之靈乩觀點的一種揭示〉，《二〇〇八宗教經典詮釋方法與應用》（臺北：真理大學宗教學系，二〇〇八年），頁三八。

25 同前，頁一一〇。

26 李峰銘，《靈山仙境：論淡水無極天元宮的空間神學》（臺北：輔仁大學宗教學系碩士論文，二〇〇六年），頁四三。

27 鄭志明，〈「乩示」的宗教醫療〉，《第三屆宗教信仰與儀式研討會》（輔仁大學，二〇〇三年），頁一二。

28 李峰銘，〈如入靈山不為動：淡水無極天元宮之靈乩觀點的一種揭示〉，《二〇〇八宗教經典詮釋方法與應用》（臺北：真理大學宗教學系，二〇〇八年），頁一一三～一一五。

29 出自《瑤命皈盤》二十二回，http://pinguhuang.myweb.hinet.net/menu-05/menu-05-11-22.htm（見於二〇一四年六月十九日）。

30 同前，二十五回，http://pinguhuang.myweb.hinet.net/menu-05/menu-05-11-25.htm（見於二〇

一四年六月十九日）。

31 李峰銘，〈如入靈山不為動：淡水無極天元宮之靈乩觀點的一種揭示〉，《二〇〇八宗教經典詮釋方法與應用》（臺北：真理大學宗教學系，二〇〇八年），頁四二。

32 林佩瑜，《信仰與體現——靈乩的身體實踐》（臺北：臺北市立體育學院舞蹈研究所碩士論文，二〇一二年），頁六四。

33 邱任鐸，《當今神詰讖文初探~以無極天元宮住持黃阿寬為例的一些看法~》（新竹：玄奘大學宗教學系碩士在職專班碩士論文，二〇〇五年），頁二六。

34 鄭志明，〈「乩示」的宗教醫療〉，《第三屆宗教信仰與儀式研討會》（臺北：輔仁大學，二〇〇三年），頁七。

35 宇色，《我在人間與靈界對話》（臺北：柿子文化，二〇一一年），頁二六八。

36 鄭志明，〈臺灣靈乩的宗教形態〉，《宗教與民俗醫療學報》（臺北：輔仁大學宗教學系臺灣民間宗教學術中心，二〇〇五年），頁四。

37 王雯鈴，《臺灣童乩的成乩歷程——以三重童乩為主的初步考察》（新北：輔仁大學宗教學系碩士論文，二〇〇四年），頁一五。

38 同前，頁二五。

39 王秀婷，《一個女乩童的生活世界——從啟乩到冷爐的社會網絡發展》（花蓮：國立東華大學族群關係與文化研究所碩士論文，二〇〇二年），頁一五。

40 王雯鈴，《臺灣童乩的成乩歷程——以三重童乩為主的初步考察》（新北：輔仁大學宗教學系碩士論文，二〇〇四年），頁四十六。

41 蔣季芳，《第三隻眼的天空——靈乩宗教經驗之探討》（嘉義：南華大學生死學研究所碩士論文，二〇〇六年），頁三一。

42 同前，頁四二。

43 同前，頁一七。

44 彭榮邦，《牽亡：惦念世界的安置與撫慰》（花蓮：國立東華大學群族關係與文化研究所碩士論文，二〇〇〇年），頁七四。

45 宇色，《我在人間與靈界對話》（臺北：柿子文化，二〇一一年），頁二三三。

46 布蘭特・寇特萊特著，易之新譯，《超個人心理治療：心理治療與靈性轉化的整合》（臺北：心靈工坊，二〇〇五年），頁二〇三。

47 鄭志明，〈巫術文化的哲學省思〉，《第七屆儒佛會通學術研討會》（新北：華梵大學，二〇〇三年），頁二六。

48 鄭志明，〈臺灣靈乩的宗教形態〉，《宗教與民俗醫療學報》（臺北：輔仁大學宗教學系臺灣民間宗教學術中心，二〇〇五年），頁二七。

49 同前，頁二八。

50 邱任鐸，《當今神諳讖文初探~以無極天元宮住持黃阿寬為例的一些看法~》（新竹：玄奘大學宗教學系碩士在職專班研究所碩士論文，二〇〇五年），頁二三。

51 鄭志明，〈臺灣「新興宗教」的定義問題〉，《臺灣新興宗教現象——傳統信仰篇》，一九九九年，頁一一七。

52 鄭志明，〈臺灣靈乩的宗教形態〉，《宗教與民俗醫療學報》（臺北：輔仁大學宗教學系臺灣民間宗教學術中心，二〇〇五年），頁二四。

53 同前，頁一八一。

54 張麗萍，《慈惠堂妙善公主與靈乩玉慈共命關係之敘說研究》（嘉義：南華大學生死學研究所碩士論文，二〇一〇年），頁一六。

55 鄭志明，〈臺灣靈乩的宗教形態〉，《宗教與民俗醫療學報》（臺北：輔仁大學宗教學系臺灣民間宗教學術中心，二〇〇五年），頁二二。

56 同前，頁二四。

57 同前，頁二六。

58 同前，頁二三。

59 鄭志明，〈「乩示」的宗教醫療〉，《第三屆宗教信仰與儀式研討會》（臺北：輔仁大學，二〇〇三年），頁一一。

結語〉發自內心的幸福

1 威廉·詹姆斯，《宗教經驗之種種》（臺北：立緒出版社，二〇〇六年），頁九七。

附錄〉三大表格總複習

1 在乩童相關研究《臺灣童乩的成乩歷程——以三重童乩為主的初步考察》以及《一個女乩童的生活世界——從啟乩到冷爐的社會網絡發展》中發現，臺灣民間信仰中，女乩童的比例大大少於男乩童，在王雯鈴以三重市為主要的乩童研究中發現，男性與女性分別佔了七六%及二四%，比例約是三比一。

2 彭盈潔《石壁部堂林千代生命史》中有一段慈惠堂石壁分部的林千代師姑隨機辦事的故事：「有一次我跟她去印尼，坐在飛機上，就有人問我坐我旁邊的是不是千代師姑，我說：『是，有什麼事嗎？』他說能不能問個事情，我就問師姑說能不能幫他問事，就這樣賺一個紅包。她賺紅包真是信手拈來，比我們摘年柑還快，像有日本人問她事情，馬上就拿日本錢給她。」參見彭盈潔，《石壁部堂林千代生命史》（花蓮：國立東華大學臺灣文化學系碩士論文，二〇一一年），頁一五五。

3 有部分乩童在早期成乩時，以降神做為人神溝通的方式，但通神經驗日深後，漸漸轉以無需降神而直接與神靈相通的方式為人解惑釋疑；有部分則僅在「訓乩」期間有神靈附體現象，於成乩後能見聞鬼神，可直接與其溝通；有極少數是完全沒有經歷神靈附體的經驗。不過，無論是透過神靈附體，或直接見聞鬼神，他們都有與神靈溝通的能力。參見王雯鈴，《臺灣童乩的成乩歷程——以三重童乩為主的初步考察》（臺北：輔仁大學宗教學系碩士論文，二〇〇四年），頁四。

參考書目
References

・專書（依姓氏筆劃排序）

〔蜀〕杜光庭撰，嚴一萍輯校，《仙傳拾遺，卷一》（約在前蜀期所撰）
丁仁傑，《社會分化與宗教制度變遷》，臺灣：聯經出版公司，二〇〇四年
布蘭特・寇特萊特著，易之新譯，《超個人心理治療：心理治療與靈性轉化的整合》，臺北：心靈工坊，二〇〇五年
宇色，《我在人間與靈界對話》，臺北：柿子文化，二〇一一年
作者不詳，《靈修手冊——無極皇媽娘娘》，二〇〇四年編印
馬西沙、韓秉方，《中國民間宗教史（下冊）》，北京：中國社會科學出版社，二〇〇四年
傅偉勳，《從創造的詮釋學到大乘佛學》，臺北：東大圖書股份有限公司，一九九五年五月
傑佛瑞・芮夫，《榮格與鍊金術》臺北：人本自然，二〇一〇年
勞思光，《思光學術論著新編（三）——思想方法五講新編》，香港：中文大學出版社，二〇〇五年
勞思光，《新編中國哲學史（一）》，臺北：三民書局，一九八四年
歐大年（美），《中國民間宗教教派研究》，上海：古籍出版社，一九九三年
歐文・亞隆，《存在心理治療（上）》，臺北：張老師文化，二〇一二年
威廉・詹姆斯，《宗教經驗之種種》，臺北：立緒出版社，二〇〇六年

苗啟明、溫益群，《原始社會的精神歷史架構》，雲南昆明：雲南人民出版社，一九九三年
張光直，《考古學專題六講》，臺北：稻鄉出版社，一九八八年
宋兆麟，《巫覡——人與鬼神之間》，北京：學苑出版社，二〇〇一年
朱存明，《靈感思維與原始文化》，上海：學林出版社，一九九五年
董芳苑，《探討臺灣民間信仰》，臺北：常民文化，一九九六年
鄭志明，《臺灣民間宗教論集》，臺北：臺灣學生書局，一九八四年
鄭志明，《道教生死學》，臺北：文津出版社，二〇〇六年

・期刊／研討會（依姓氏筆劃排序）

丁仁傑，〈會靈山現象的社會學考察：去地域化情境中民間信仰的轉化與再連結〉，《宗教教義、實踐與文化：一個跨學科的整合研究學術研討會》，二〇〇四年四月十六～十七日
呂一中，《會靈山運動興起及其對民間宗教之影響》，臺北：臺灣宗教學會二〇〇〇年十二月月會，二〇〇〇年
李峰銘，〈如入靈山不為動：淡水無極天元宮之靈乩觀點的一種揭示〉，《二〇〇八宗教經典詮釋方法與應用》臺北：私立真理大學宗教學系，二〇〇八年
陳杏枝，〈新興宗教團體與社區研究〉，《二十一世紀》，二〇〇二年十月號

陳逸君，〈被遺忘的東王公——從人類學角度的考察〉，《第二屆道教與民俗學術研討會》，花蓮：海峽兩岸東王公西王母信仰學術研究研討會論文集），二〇〇八年

鄭志明，〈臺灣「新興宗教」的定義問題〉《臺灣新興宗教現象——傳統信仰篇》，一九九九年

鄭志明，〈「乩示」的宗教醫療〉，《輔大第三屆宗教信仰與儀式研討會》，二〇〇三年

鄭志明，〈巫術文化的哲學省思〉，《第七屆儒佛會通暨文化哲學研討會》新北：華梵大學，二〇〇三年九月

鄭志明，〈臺灣母娘信仰的在地化發展〉《王母信仰文化世界學術研討會》（花蓮：國立東華大學民間文學研究所，二〇〇九年

鄭志明，〈善書與臺灣的鬼神信仰〉，新北：世界宗教博物館演講，二〇一二年八月十一日

蕭登福，〈男仙之首、元陽祖氣、日君神格的東王公及其神格轉變〉，《世界宗教學刊》第十三期，二〇〇九年六月

瞿海源，〈臺灣的新興宗教〉，《二十一世紀》，二〇〇二年十一月號

林冠群，〈「我族中心主義」與「文化相對論」——現代大學生應有的素養〉，《止善》第四期，臺中：朝陽科技大學通識教育中心，二〇〇八年六月

宋道發／劉光本，〈三陽劫變——思想淺析〉，《宗教學研究》第一期，二〇〇三年一月

鄭志明，〈臺灣母娘信仰的在地化發展〉，《王母信仰文化世界學術研討會》，花蓮：國立東華大學民間文學研究所，二〇〇〇年
鄭志明，〈善書與臺灣的鬼神信仰〉，新北：世界宗教博物館演講，二〇一二年

學位論文（依姓氏筆劃排序）

王秀婷，《一個女乩童的生活世界——從啟乩到冷爐的社會網絡發展》，花蓮：國立東華大學族群關係與文化研究所碩士論文，二〇〇二年
王雯鈴，《臺灣童乩的成乩歷程——以三重童乩為主的初步考察》，臺北：輔仁大學宗教學系碩士論文，二〇〇四年
李峰銘，《靈山仙境：論淡水無極天元宮的空間神學》，臺北：輔仁大學宗教學系碩士論文，二〇〇六年
李憲彰，《識的形式及其傳播研究》，花蓮：國立東華大學民間文學研究所博士論文，二〇〇九年
林佩瑜，《信仰與體現——靈乩的身體實踐》，臺北：臺北市立體育學院舞蹈研究所碩士論文，二〇一二年
林佳芃，《從求助到助人——靈乩的生命成長》，臺北：淡江大學教育心理與諮商研究所碩

士論文，二〇〇五年
林揚傑，《全球治理思潮對韋伯官僚行政理論的挑戰：我國考銓系統制度轉型的個案研究》，臺北：中國文化大學政治學研究所博士論文，二〇一〇年
邱任鐸，《當今神誥讖文初探：以無極天元宮住持黃阿寬為例的一些看法》，新竹：玄奘大學宗教學系碩士在職專班碩士論文，二〇〇九年
胡慧雯，《榮格之「個體化進程」（Individuation Process）研究》，桃園：國立中央大學哲學研究所，二〇〇二年
張真華，《古帝王神話文化歷程初探》，臺中：國立中興大學中國文學系碩士在職專班碩士論文，二〇〇四年
張麗萍，《慈惠堂妙善公主與靈乩玉慈共命關係之敘說研究》，嘉義：南華大學生死學研究所碩士論文，二〇一〇年
許雅婷，《母娘與祂的兒女——慈惠石壁部堂宗教人的經驗世界》，花蓮：國立東華大學族群關係與文化研究所碩士論文，二〇〇二年
陳立斌，《臺灣慈惠堂的鸞書研究》，臺北：輔仁大學宗教學系碩士論文，二〇〇四年
彭盈潔，《石壁部堂林千代生命史》，花蓮：國立東華大學臺灣文化學系碩士論文，二〇一一年

彭榮邦，《牽亡，惦念世界的安置與撫慰》，花蓮：國立東華大學群族關係與文化研究所碩士論文，二〇〇〇年

黃秀媛，《會靈活動與心靈動能研究》，宜蘭：佛光大學生命學研究所碩士論文，二〇〇七年

蔡秀鳳，《臺灣慈惠堂瑤池金母信仰研究》，臺北：國立臺灣師範大學臺灣文化及語言文學研究所在職進修碩士班碩士論文，二〇〇八年

蔣季芳，《第三隻眼的天空——靈乩宗教經驗之探討》，嘉義：南華大學生死學研究所碩士論文，二〇〇六年

鄭志明，〈臺灣靈乩的宗教形態〉，《宗教與民俗醫療學報》，臺北：輔仁大學宗教學系臺灣民間宗教學術中心，二〇〇五年

釋念慧（謝明晢），《母娘信仰之身體性、情感性與神職性－以花蓮法華山慈惠堂例》，花蓮：慈濟大學宗教與文化研究所碩士論文，二〇一一年

．網路資料（依查詢時間排序）

日月潭拜海龍王 信徒亂撒金紙http://interush.tw/news_list_1_detail.php?fname=6467484.xml。（見於二〇一一年十月）

請GOOGLE「世界末日將至~美國男子製豪華避難艙」

法一座外星山腳下藏有「世界末日避難地」？！http://todo.pixnet.net/blog/post/27851014-%E4%B8%96%E7%95%8C%E6%9C%AB%E6%97%A5%E9%81%BF%E9%9B%A3%E5%9C%B0。（見於201302）

請GOOGLE「三仙臺靈修落海士官 遺體今尋獲」

文化相對論（cultural relativism）http://zh.wikipedia.org/wiki/%E6%96%87%E5%8C%96%E7%9B%B8%E5%B0%8D%E8%AB%96。（見於二〇一三年三月）

秦寶琦，《民間祕密教門的信仰核心》《邵陽學院學報》，二〇〇二年一期http://www.pacilution.com/ShowArticle.asp?ArticleID=3921。（見於二〇一三年三月）

聖尊蓮花生活佛盧勝彥應邀臺灣黃帝雷藏寺主持「瑤池金母水供法會」http://blog.udn.com/Johny999/7311271。（見於二〇一四年四月）

世界宗教入口網http://www.wrsn.com.tw/religious-texts/B/14.htm（見於二〇一四年六月）

《瑤命皈盤》資料取自http://pinguhuang.myweb.hinet.net/menu-05/menu-05-11-02.htm

靈修最終應該是帶給人們發自內心的幸福

最猛職人 9

9

最猛職人